調達・購買
パワーアップ読本

西河原 勉 [著]
Nishigahara Tsutomu

同友館

はじめに

　本書の執筆を進めているうち、かつて現役バイヤーとして大変な思いをした記憶が、私の脳裏に蘇ってきました。納期問題で早朝から深夜まで取引先の工場に詰めて部品を確保したり、逆に数量激減で取引先に多くの部材や仕掛品が在庫になってしまい、取引先に頭を下げ、営業部門や開発・設計部門、品質部門と不良在庫をなくす対策に追われたり、価格交渉で成果を出せず、単価引下げ以外の方法を探って考えを巡らせたり、部品の不良発生で納期やコストに問題が生じ、品質部門や生産部門と解決に奔走したりなどなど、今から思えば懐かしくもある日々が、頭の中を通り過ぎていったのです。

　もちろん、これまで他の人が手をつけていなかった新しい業務へチャレンジして成果をあげたり、価格交渉以外の手段でコストダウンを達成して仲間や部下と喜び合ったりしたこともありましたが、苦難に満ちた経験のほうがたくさん思い浮かんできたのです。なぜなのでしょうか。

　私が調達・購買部門でバイヤーの仕事を始めた1970年代初頭は、調達・購買業務についての書籍は、ほとんどありませんでした。業務のガイドとなる書籍がなく、上司や先輩からのOJTをもとに、自らも試行錯誤して仕事をするしかなかったのです。それが、現在では、調達・購買業務全般を解説したものから、実務に役立てるための実用性に主眼を置いたもの、戦略的な切り口で書かれたものまで、さまざまな内容の書籍が出されています。

　それらの書物を著された方々の知恵と努力には、敬意を払います。しかし、それでも、経営、人材、営業、開発、生産、品質などに関する書籍数に比べると少数であり、調達・購買業務の研究には、まだ発掘されていない側面や視点が残されていると考えています。

調達・購買部門で働く人たちとの交流の中で、共通点として感じるのは、「調達・購買のスキルや知識を高めたい」という向上心と、「社内では、調達・購買部門の重要性が認識されていない」という率直な気持ちです。このような向上心と気持ちに応えていくためにも、調達・購買のさらなる研究と関連書籍の充実が必要だと思います。

　私は、エレクトロニクス業界と自動車業界で合計26年間、調達・購買業務に携わるとともに、製造業の研究を続けてきました。本書は、こうした経験や研究の成果を、調達・購買部門で働く人たちに向け、わかりやすくまとめたものです。

　本書は、取引先や上司、先輩、同僚、部下などの人たちとの共闘、交渉、討議などを通じて得た考察の成果でもあります。関係者の方々に感謝し、これから仕事で新しい世界を開こうとしている現役の調達・購買パーソンの方々に少しでもお役に立てればと思います。

　本書を著わすにあたり、埼玉県中小企業診断協会会長で経営コンサルタントの高澤彰様、メーカー出身の経営コンサルタント市原弘規様と山田正美様から有意義なアドバイスをいただきました。また、安全保障輸出管理に関しては、旧友でメーカーでの実務経験者である石原洋一君の意見を参考にさせてもらいました。この場を借りて、お礼を申し上げたいと思います。

　最後になりましたが、本書の発行にあたりさまざまなご支援を下さった同友館編集室長の神田正哉様に、厚く感謝いたします。

2017年7月

西河原　勉

目次　調達・購買パワーアップ読本

はじめに　*3*

序章　本書の概要　……………………………………………………………… *12*

　1. 調達・購買のプロセスと調達・購買部門の活動　*12*
　2. 各章の関連　*13*
　3. 各章の分類（グループ化）　*14*
　4. 各章の構成内容　*14*

第1章　調達・購買部門の機能強化　………………………………………… *16*

　1. 調達・購買部門の機能強化の目的　*16*
　　1.1　なぜ、調達・購買部門の機能を強化するのか　*16*
　　1.2　調達・購買部門の機能強化がもたらす意義（影響の量と内容）　*17*
　2. 調達・購買部門の機能強化法　*17*
　　2.1　向かうべき方向　*18*
　　2.2　機能強化への駆動要因　*22*
　　2.3　方向付けをし、駆動要因を働かせて調達・購買業務を遂行　*27*
　3. 調達・購買機能強化のための枠組み　*27*

第2章　コスト低減　…………………………………………………………… *29*

　1. 本章の位置付けと趣旨　*29*
　2. コスト低減を実行するための条件設定と手法　*29*
　　2.1　コスト目標値の設定　*29*
　　2.2　取引先の知恵の活用　*30*
　　2.3　他部門との連携　*30*
　　2.4　コスト低減を実行するための手法　*30*
　　2.5　見積価格の構成要素・体系　*42*

2.6　見積価格の査定　　44
　　2.7　取引先との調達・購買価格交渉　　50
　　2.8　価格決定・変更などでの下請法上の留意点　　56
　3.　駆動三要因を発揮・強化するためのアドバイス　　56
　　3.1　顧客志向　　57
　　3.2　調達・購買部門の存在感　　57
　　3.3　自らの人材価値　　57
　◎事例紹介　　58

第3章　納期管理　　61

　1.　本章の位置付けと趣旨　　61
　2.　納期遅れの原因が発生する場所と納期遅れ防止の具体策　　61
　　2.1　納期遅れの原因が発生する場所　　61
　　2.2　納期遅れの原因　　62
　　2.3　納期遅れを回避するための具体策　　63
　　2.4　納期遅れ予知時や発生時の具体的対応　　66
　3.　駆動三要因を発揮・強化するためのアドバイス　　67
　　3.1　顧客志向　　67
　　3.2　調達・購買部門の存在感　　68
　　3.3　自らの人材価値　　68
　◎事例紹介　　69

第4章　品質マネジメント　　71

　1.　本章の位置付けと趣旨　　71
　2.　調達・購買部材の品質マネジメントの方法　　71
　　2.1　新規取引先に対する品質マネジメント　　71
　　2.2　品質目標・品質年度計画の策定と実行　　73
　　2.3　取引先の品質改善活動への支援　　74
　　2.4　調達・購買部材に関連する不具合の発見場所と対応　　74
　3.　品質マネジメントの実行ツール　　75

4．駆動三要因を発揮・強化するためのアドバイス　*76*
　　4.1　顧客志向　*77*
　　4.2　調達・購買部門の存在感　*77*
　　4.3　自らの人材価値　*77*
　◎事例紹介　*78*

第5章　取引先開拓・関係改善　…………………………………… *80*

　1．本章の位置付けと趣旨　*80*
　2．新規取引先候補の開拓　*81*
　　2.1　新規取引先候補の情報収集　*81*
　　2.2　候補会社の本社・工場視察や関係者との面談　*83*
　　2.3　収集した情報に基づく検討・評価・決定　*85*
　　2.4　契約と取引開始　*85*
　3．既存取引先との関係改善・維持　*85*
　　3.1　取引先の現状把握と分類　*86*
　　3.2　取引先とのコミュニケーション・関係改善　*88*
　　3.3　取引先実績評価　*91*
　4．駆動三要因を発揮・強化するためのアドバイス　*93*
　　4.1　顧客志向　*93*
　　4.2　調達・購買部門の存在感　*94*
　　4.3　自らの人材価値　*94*
　◎事例紹介　*95*

第6章　開発購買　………………………………………………………… *96*

　1．本章の位置付けと趣旨　*96*
　2．開発購買の定義・目的と基本的な事項　*96*
　　2.1　開発購買の定義・目的　*96*
　　2.2　基本的な事項　*97*
　3．開発購買の具体策　*99*
　　3.1　原価目標を達成するための具体策　*99*

3.2　開発購買のための情報収集　*103*

　3.3　調達・購買部門の役割・付加価値　*106*

　3.4　学習を通じた連携精神の醸成　*107*

　3.5　具体策の実効性を高めるための要件　*108*

4．駆動三要因を発揮・強化するためのアドバイス　*111*

　4.1　顧客志向　*111*

　4.2　調達・購買部門の存在感　*112*

　4.3　自らの人材価値　*113*

◎事例紹介　*113*

第7章　海外調達・購買　*117*

1．本章の位置付けと趣旨　*117*

2．海外調達・購買の目的と留意点など　*117*

　2.1　海外調達・購買の目的　*117*

　2.2　海外調達・購買の形態　*118*

　2.3　海外調達・購買の留意点　*118*

　2.4　国際購買事務所（IPO）の機能　*119*

3．海外調達・購買の実行プロセス　*119*

　3.1　海外取引先の開拓　*119*

　3.2　引合見積り　*120*

　3.3　取引成立・契約締結・発注　*125*

　3.4　調達・購買品と書類の流れ　*127*

　3.5　支払い　*128*

　3.6　部材輸出供給　*128*

4．海外取引先との関係改善・維持　*129*

　4.1　テレビ会議・電話会議　*129*

　4.2　計画的訪問　*129*

　4.3　合意事項の文書での記録　*130*

　4.4　オーナーの変更による経営への影響　*130*

5. 駆動三要因を発揮・強化するためのアドバイス　*131*
　　　5.1　顧客志向　*131*
　　　5.2　調達・購買部門の存在感　*131*
　　　5.3　自らの人材価値　*132*
　◎事例紹介　*132*

第8章　リスクマネジメント　………………………………*134*

　　1. 本章の位置付けと趣旨　*134*
　　2. リスク対応の流れとBCM／BCP　*134*
　　　2.1　リスク対応の基本的な流れ　*134*
　　　2.2　BCMとBCP　*135*
　　3. 調達・購買のリスクマネジメント　*139*
　　　3.1　調達・購買リスクの特徴　*139*
　　　3.2　調達・購買リスクの調査　*139*
　　　3.3　調達・購買リスクのマッピング　*139*
　　　3.4　調達・購買リスクへの具体的対応　*140*
　　　3.5　調達・購買のBCMとBCP　*141*
　　　3.6　調達・購買部門のリスクマネジメントの課題　*144*
　　4. 駆動三要因を発揮・強化するためのアドバイス　*145*
　　　4.1　顧客志向　*145*
　　　4.2　調達・購買部門の存在感　*145*
　　　4.3　自らの人材価値　*146*
　◎事例紹介　*146*

第9章　情報収集と活用　………………………………………*149*

　　1. 本章の位置付けと趣旨　*149*
　　2. 情報の収集、整理、活用　*149*
　　3. 社外情報、社内情報の収集と活用　*150*
　　　3.1　社外情報　*150*
　　　3.2　社内情報　*155*

4. 駆動三要因を発揮・強化するためのアドバイス　156
　　　　4.1　顧客志向　156
　　　　4.2　調達・購買部門の存在感　156
　　　　4.3　自らの人材価値　157

第10章　コンプライアンス　158

　　1. 本章の位置付けと趣旨　158
　　2. コンプライアンスの定義と分類・範囲　158
　　　　2.1　コンプライアンスの定義　158
　　　　2.2　コンプライアンスの分類・範囲　158
　　3. 調達・購買部門でのコンプライアンス　159
　　　　3.1　調達・購買業務に関連性の高いコンプライアンス　159
　　　　3.2　下請代金支払遅延等防止法　161
　　　　3.3　安全保障輸出管理　165
　　4. 駆動三要因を発揮・強化するためのアドバイス　170
　　　　4.1　顧客志向　170
　　　　4.2　調達・購買部門の存在感　170
　　　　4.3　自らの人材価値　171

第11章　教育・訓練　172

　　1. 本章の位置付けと趣旨　172
　　2. 調達・購買部門の人材育成の基本と方法　172
　　　　2.1　調達・購買部門に求められる人材　172
　　　　2.2　要求されるスキルと知識　173
　　　　2.3　効果的な教育訓練　174
　　3. 調達・購買部門での人材育成　176
　　　　3.1　調達・購買の経験・職位と要求されるスキル　176
　　　　3.2　調達・購買業務に必要な知識・スキルの洗出し　177
　　　　3.3　経験・職位別の教育体系　179
　　　　3.4　教育カリキュラムの策定　179
　　　　3.5　年度計画　181

4. 駆動三要因を発揮・強化するためのアドバイス　*181*
　　4.1　顧客志向　*181*
　　4.2　調達・購買部門の存在感　*182*
　　4.3　自らの人材価値　*182*

第12章　中小製造業の調達・購買業務活性化のポイント　……………*183*

  1. 本章の趣旨　*183*
  2. 調達・購買業務の強化への基本的な考え方　*183*
　　2.1　調達・購買業務の全体像　*183*
　　2.2　全体像をもとに自社に適合した方法へ変更　*185*
  3. 改善に取り組む業務要素の選別　*187*
　　3.1　納期管理・トラブル対応　*187*
　　3.2　品質マネジメント・トラブル対応　*187*
　　3.3　価格交渉　*190*
　　3.4　コスト低減（価格交渉以外のコスト低減活動）　*191*
　　3.5　取引先管理（1）— 既存取引先との関係の改善　*192*
　　3.6　取引先管理（2）— 新規取引先開拓　*194*
  4. 中小製造業経営への調達・購買機能の貢献　*195*
　　4.1　開発購買　*199*
　　4.2　取引先管理　*201*
　　4.3　社内教育の充実　*202*
  5. 中小製造業の中期経営計画と調達・購買業務の中期計画　*203*
  6. 中小製造業での調達・購買の活性化駆動要因に関するアドバイス　*204*
　　6.1　経営者の想い　*204*
　　6.2　社員の成長志向　*204*

参考文献等　*206*

序章 本書の概要

　この章では、皆さんが本書を読まれる際のガイドとなるよう、本書の概要を説明します。

1．調達・購買のプロセスと調達・購買部門の活動

　調達・購買部材の仕様決定から取引先への調達・購買部材の代金支払いまでの一般的なプロセスは、以下の通りです。

> 調達・購買仕様決定➡見積もり依頼先選定➡見積もり等依頼➡取引先見積もり・提案➡条件入手➡交渉➡発注先の決定➡発注数量確定➡発注➡納入➡検収➡支払い

　調達・購買部門は、このプロセスを実行するあたり、次のようなマネジメント業務を遂行します。
　①コスト低減
　②納期管理
　③品質マネジメント
　④取引先開拓・関係改善
　⑤開発購買
　⑥海外購買
　⑦情報収集と活用
　⑧リスクマネジメント
　⑨コンプライアンス
　⑩教育・訓練

　さらに、調達・購買部門においては、こうした業務を統合させて調達・購買機能の強化戦略を練り、中期計画・年度計画を策定して、全社の業績向上へ貢献していくことが求められます。

本書の第1章では、このうち調達・購買の全社的な戦略や計画の策定について述べ、第2章から第11章では、①から⑩までの業務につき、基本的な考え方と実行の具体策などを述べていきます。

2．各章の関連

第1章「調達・購買部門の機能強化（中期計画と駆動要因）」から第11章「教育・訓練」までの関連を示すと、**図表序－1**の通りです。各章が本書全体の中でどのように位置付けられているのかを認識してから読むと、理解が広がります。各章を読む前にはこの図表を見て、その章の位置付けを確認するようにしてください。

図表序－1　第1章から第11章の関連図

```
┌─────────────────────────────────────────────┐
│ 調達・購買の戦略展開・中期計画達成のための駆動要因(1) │
│ 顧客志向／調達・購買部門の存在感／自らの人材価値      │
└─────────────────────────────────────────────┘
    ↓                    ↓                    ↓
┌──────────────┐  ┌──────────────┐        ┌──────┐  ┌──────────┐
│取引先開拓・関係改善(5)│→│コスト低減(2)  │→│調達  │→│中期経営計画実行│
│開発購買(6)        │  │納期管理(3)    │  │購買  │  │顧客満足実現   │
│海外調達・購買(7)   │  │品質マネジメント(4)│  │活動  │  │売上・利益目標達成│
└──────────────┘  └──────────────┘        │の目的│  └──────────┘
    ↑                                         └──────┘
┌──────────────┐
│リスクマネジメント(8) │
│情報収集と活用(9)   │
│コンプライアンス(10) │
└──────────────┘
┌──────────────────────┐
│    教育・訓練(11)      │
└──────────────────────┘
┌──────────────────────────────┐
│ 調達・購買部門の戦略・中期計画(1)   │
└──────────────────────────────┘
┌──────────────────────────────┐
│   会社のビジョン・戦略・中期計画    │
└──────────────────────────────┘
```

＊　（　）内の数字は本書での章の番号

3．各章の分類（グループ化）

参考までに、業務特性をもとに各章をグループ化すると、①QCD成果に直接関与する業務、②関係性業務、③複合業務、④支援業務、⑤戦略業務の5つに分けられます。

①**QCD成果に直接関与する業務（第2章「コスト低減」、第3章「納期管理」、第4章「品質マネジメント」）**：調達・購買部材のコスト低減、納期遵守、品質改善・維持について、調達・購買部門がどのように関与・貢献すべきかを述べていきます。

②**関係性業務（第5章「取引先の開拓・関係改善」）**：調達・購買部門が取引先との関係性の活性化を通じて付加価値を高め、会社へ貢献する方法を考えます。

③**複合業務（第6章「開発購買」、第7章「海外調達・購買」）**：開発購買と海外調達・購買は、コスト、納期、品質のすべてに関連し、影響・効果を与える業務です。

④**支援業務（第8章「リスクマネジメント」、第9章「情報収集と活用」、第10章「コンプライアンス」、第11章「教育・訓練」）**：第8章から第11章までは、調達・購買業務がスムーズに成果をあげられるよう支援する業務について解説します。

⑤**戦略業務（第1章「調達・購買部門の機能強化」）**：調達・購買機能を強化するための戦略と、調達・購買部門が向かうべき方向性を解説します。

そして、最後の第12章では、中小製造業の調達・購買活動を活性化させるための具体策を紹介します。一口で中小製造業といっても、その業界は多岐にわたり、規模にも幅がありますが、本章では、独立した調達・購買組織を持たない企業や、規模の小さな調達・購買部門しか持たない企業に的を絞り、調達・購買活動の活性化策について述べていきます。

4．各章の構成内容

第2章から第12章までは、次のような構成で書かれています。

①本書全体の中でのその章の位置付けと趣旨
　②章のテーマの具体的な手法（章によっては、目的や基本事項などを追加）
　③章のテーマに関連した駆動三要因を発揮・強化するためのアドバイス
（駆動要因に関しては、第1章で詳しい説明をしています）

　また、第2章から第8章では、その章のテーマの実行事例を紹介しています。事例を通して、さらに理解を深めてください。

第1章 調達・購買部門の機能強化

　調達・購買部門には、会社へ貢献できるさまざまな可能性があります。この章では、その可能性をどのように引き出したらいいのかを考えてみたいと思います。

1．調達・購買部門の機能強化の目的

1.1　なぜ、調達・購買部門の機能を強化するのか

　調達・購買部門の機能を強化する第1の目的は、経営力の向上です。経営者は、経営環境の変化に対応するため、現在の企業文化を打破するためなどの目的を持って、各部門の機能強化を進めます。企業組織の一部である調達・購買も、この企業の機能強化プロセスの中で変わっていくことが求められます。

　また、調達・購買部門は、その業務上の特性から機能強化の機会にあふれています。しかし、業務の特性がもたらす構造上の課題もあります。第2の目的は、この機会を活かしながら、業務を改革し、課題を克服することです。

　ただし、調達・購買部門の機能を強化することは、それ自体が最終目的ではありません。調達・購買部門の機能強化が、会社全体の業績向上に貢献しなければなりません。いいかえれば、会社全体の業績向上、経営力の強化に結びつくように、調達・購買部門の機能強化を進める必要があります。図表1－1に示すように、「全社の戦略・中期計画での目標達成への貢献」ならびに「調達・購買部門の改革課題への取組み」というプロセスを通じて、全社の業績向上と経営力の強化へ結びつけるのです。

図表1－1　調達・購買部門の機能強化のプロセスと目的

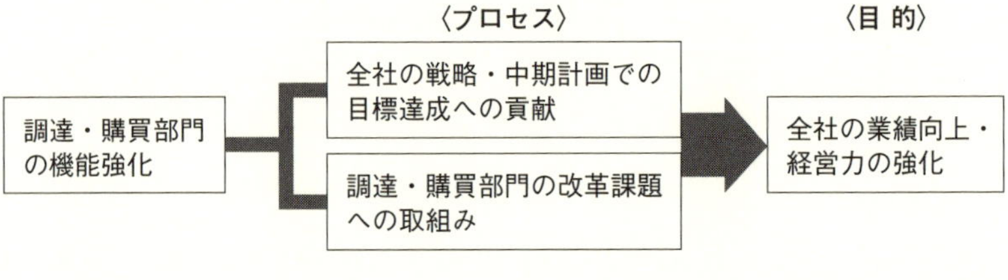

〈プロセス〉　　〈目　的〉

調達・購買部門の機能強化 → 全社の戦略・中期計画での目標達成への貢献／調達・購買部門の改革課題への取組み → 全社の業績向上・経営力の強化

1.2 調達・購買部門の機能強化がもたらす意義（影響の量と内容）

　調達・購買部門は、製造原価の大半を占める材料費を取り扱っています。経営上の数値面での比率が高く、貢献できる量は大きいのです。また、調達・購買部門は、外部の会社と取引をしています。調達・購買の取引先には、多種多様な技術やノウハウ、情報があります。技術の取込みだけなら自社の開発・設計部門でもできるかもしれませんが、経営、組織、財務、製造など広い分野での取込みで、調達・購買部門が役割を発揮できるのです。

　調達・購買部門には、これらの技術、ノウハウ、情報を活用して自社の成長に役立てる機会があふれています。規模が大きく、優秀な人材が豊富な会社でも、単独で持ちうる技術・ノウハウ等の経営資源は無限ではありません。取引先の経営資源をできる限り活用することは、その企業の経営資源を補充し、商品力を向上させて、事業活動に大きなプラスの効果をもたらします。この２点からも、調達・購買部門の機能強化は会社経営にとって意義の大きいものなのです。

図表１－２　調達・購買部門の会社業績への貢献可能性

```
                ┌─ 製造原価に占める調達・  ─→ コストダウンへの大きな貢献
調達・購買部門  │  購買資材額の比率が高い
の可能性       │
                └─ 外部会社の技術・ノウハウ ─→ 自社の経営資源の補充、
                   の活用                      商品力向上
```

２．調達・購買部門の機能強化法

　それでは、調達・購買部門の機能強化はどのように実施していけばいいのでしょうか。まず、機能強化を進める方向（目標）を定めることです。次に、目標が決まったら、それに向かう駆動力を高める要因を働かせることです。そして、それを調達・購買の業務で具現化することです。具体的な業務単位で目標を定め、特定した駆動要因を働かせるのです。

　この３つの視点から、機能強化を具体的に実行する方法を考えてみましょう。

図表1－3　調達・購買部門機能強化の全体像

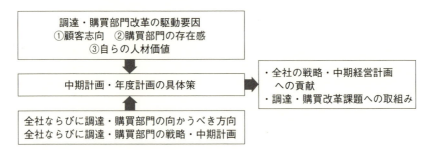

2.1　向かうべき方向

　向かうべき方向は、2つの要因から考えます。1つ目は、全社の中期経営計画への貢献です。調達・購買部門も会社組織の一部なので、全社の中期計画に直接関連する課題を特定し、これを解決する方向へ機能を強化します。2つ目は、調達・購買部門独自の視点です。中期計画に直接的には関連していなくても、全社の中長期の業績・成長や戦略の展開にかかわる課題を特定し、これを解決する方向へ機能を強化します。

(1) 全社の戦略・中期計画の策定プロセス

　全社の戦略・中期計画と整合性のある、調達・購買部門の戦略・中期計画を策定するために、まず全社の戦略や中期計画がどのように策定されるのか確認しておきましょう。会社により経営戦略や中期経営計画の策定プロセスは異なると思いますが、図表1－4にその例を示します。

図表1－4　経営戦略と中期経営計画策定プロセス（例）

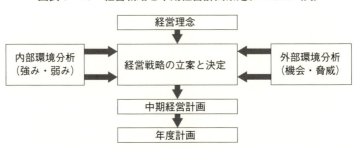

このプロセス内のそれぞれのステップの概略は、次の通りです。
① **経営理念**：経営理念とは、企業経営の方向性や範囲を、創業者・経営者の持っている価値や伝統などの面から表現するものです。
② **外部環境分析**：外部環境とは、自社をめぐる外部要因（政治、経済、社会、科学技術など）で、自社では制御できないものです。
③ **内部環境分析**：内部環境とは、自社が所有している経営資源のことで、人材、企業風土、賃金システム、商品、情報などが該当します。
④ **経営戦略**：外部環境分析と内部環境分析から、自社の経営戦略の案をいくつか導き出し、検討の上、最終的な経営戦略を決定します。経営戦略の本質的な内容は、次の4点です。
　・変化を続ける経営環境への対応
　・企業の成長のための事業分野の選択
　・市場での競争優位性の確立
　・成長を実現し競争を強化するための経営資源の増強や再配分
⑤ **中期経営計画**：経営戦略をもとに、中期経営計画を策定します。中期経営計画の構成事項の例としては、次のようなものがあります。
　・長期ビジョン：10年後の自社のあるべき姿
　・中期ビジョン：3年後の自社のあるべき姿
　・中期経営方針
　・売上・利益などの財務数値達成目標
　・新市場、新製品など成長のための計画
　・競争力強化のための計画（市場の選択、差別化など）
　・成長と競争力強化のための経営課題
　・経営資源の強化と再配分

策定された中期経営計画に基づき、毎年予実比較して是正活動を行い、必要に応じて変更をします。予実比較は、売上・利益などだけではなく、戦略課題達成や経営資源の増強面でも行います。

（2）調達・購買部門の戦略・中期計画

全社の中期経営計画への貢献と、調達・購買部門が持つ機会や課題を考え合わせ、調達・購買部門の中期計画を策定します。この2つの観点に基づく中期計画

を、具体例をあげて説明します。

① 全社の中期経営計画に基づく調達・購買部門の戦略課題

全社の中期経営計画に基づく調達・購買部門の戦略課題設定の例を、図表1－5に示します。

図表1－5　全社の中期経営計画に基づく調達・購買部門の戦略課題（例）

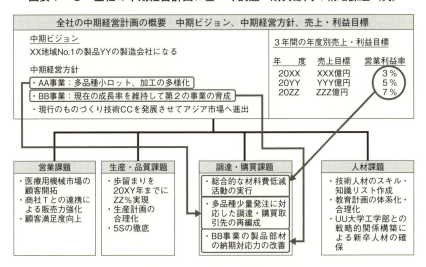

この例では、全社の中期経営方針と調達・購買部門の戦略課題が、図表1－6のように対応しています。

図表1－6　全社の中期経営方針に対応する調達・購買部門の戦略課題（例）

	全社の中期経営方針	調達・購買部門の戦略課題
1	営業利益率の改善	総合的な材料費低減活動の実行
2	AA事業：多品種小ロット化対応への加工の多様化	多品種少量発注に対応した調達・購買取引先の再編成
3	BB事業：現在の成長率を維持して第2の事業の育成	BB事業の製品部材の納期対応力の改善

② 調達・購買部門としての戦略課題

さらに、調達・購買部門中期計画に漏れが生じないよう、全社の中期経営計画とは直接的に関連しない重要戦略課題を特定します。検討の視点としては、調

第1章 調達・購買部門の機能強化

達・購買に関する環境変化、新取引先市場、新規部材、調達・購買のノウハウ・人材、仕組みなどです。ここでは例として、「開発購買プロセスの合理化」と「取引先市場の情報活用の強化」をあげました。

①で示した調達・購買部門の戦略課題に、②であげた調達・購買部門独自の戦略課題を加えて整理したものを、図表1－7に示します。

図表1－7　調達・購買部門の戦略課題（例）

戦略課題	全社の中期経営計画との直接関連性	概説	取組課題	施策・手法の概要
総合的な材料費低減活動の実行	有	材料費の低減を多面的に考えて実行	・材料費低減手法の実行 ・価格交渉スキルの向上	包括的VA活動の実施と年度単位の価格交渉の計画化
多品種少量発注に対応した調達・購買取引先の再編成	有	調達・購買取引先の集約や縮小も含めた取引先の分類見直し	取引先の分類の最新化	部材の戦略度合と購買・調達金額のマトリックスでの分類をベースとした考察
BB事業の製品部材の納期対応力の改善	有	発注数量の増加が見込まれるBB事業部用の購入部材の納期遅延の防止・短納期受注への部材面での対応 ・納期遅延回避のリスクマネジメント策定 ・良好関係の構築	部材別標準納期リストの作成と短納期対応手段の決定	・部品標準化・共通化、内示期間と精度の見直し、部品在庫保持（取引先と連携） ・一般のリスクマネジメント手法知識の習得と調達・購買部門への展開
開発購買プロセスの合理化	無	自社新製品の開発・設計段階からの調達・購買部門の貢献による最適部材の選定	開発・設計部門との連携、主要取引先のノウハウ取込手法の策定による最適重要部品の選定プロセスの合理化	開発・設計部門との連携や取引先のノウハウ・技術の取込みを基盤とした、開発購買マニュアル作成と改訂プロセスの規定
取引先市場の情報活用の強化	無	取引先市場情報の方針策定と体系化・計画化	年度計画を策定して実行	振り返りと改善

（3）調達・購買部門の中期計画の策定

検討・考察をした調達・購買部門の戦略課題について、中期計画を策定します。図表1－7の例をもとにした3ヵ年の中期計画を、図表1－8に示します。

図表1－8　調達・購買部門の中期計画（例）

目標・戦略課題	20XX 年	20YY 年	20ZZ 年
1．調達・購買部材コスト削減	XX 百万円	年度目標に従った金額	年度目標に従った金額
調達・購買部門中期戦略課題			
2．総合的な材料費低減力強化			
材料費低減手法の実行	手法の適用方法の決定	実行・結果評価と改訂	実行・結果評価と改訂
価格交渉スキルの向上	セミナー受講	実行・結果評価と改訂	実行・結果評価と改訂
3．多品種少量発注に対応した調達・購買取引先の再編成			
取引先の分類の最新化	検討と提言、決定	改訂	改訂
戦略取引先の検討と選定	新規戦略取引先特定	新戦略取引先との関係強化	新戦略取引先との関係強化
新部品・技術の取込可能な取引先へのシフト	新部品・新技術のニーズならびに取引先候補選定	新部品・技術の取込み	新部品・技術の取込み
4．BB 事業の製品部材の納期対応力の改善			
部材別標準納期リストと短納期対応手段	部材別標準納期リストの作成と短納期対応方針の決定	部材別標準納期リストの作成と短納期対応手段の基本策定	部材別標準納期リストの作成と短納期対応手段の基本策定
リスクマネジメント手法知識の習得と調達・購買部門への展開	リスクマネジメント手法知識の習得	調達・購買部門での具体策検討	調達・購買部門での具体策完成
5．開発購買プロセスの合理化			
基本プロセスを開発・設計部門と討議	基本合意	取引先のノウハウ・技術取込み	取引先のノウハウ・技術取込み
開発購買マニュアル作成と改訂プロセスの規定	マニュアルと規程の策定	実行と改訂	実行と改訂
6.取引先市場の情報活用の強化			
方針設定と情報収集基盤の整備	方針設定と情報収集手段の特定、収集情報ベースの整備	情報収集活動を通じた収集情報ベースの改善	収集情報ベースの改善
取引先市場の情報活用の強化	取引先情報活用目的の明確化	効果的な取引先情報活用方法の策定	効果的な取引先情報活用方法の改訂

2.2　機能強化への駆動要因

　機能強化の方向が決まったら、その方向へ向かう駆動力を高めなければなりません。駆動力を高める要因は、調達・購買部門の規模により多少異なりますが、なるべく多くの企業に適用できる視点から考えると、次のようになります。

　1つ目は、会社全体の視点からの駆動要因です。その代表例は、「顧客志向

です。ここでいう顧客とは、会社のお客様のことです。顧客満足がなければ、会社の存続もありえません。２つ目は、調達・購買部門自身の視点から、「調達・購買部門の存在感」があげられます。多くの調達・購買パーソンは、企業内での調達・購買の存在感は高くないと認識しているようです。存在感が高まれば、目標へ進む力も強化されます。そして３つ目は、調達・購買で働く人のスキル・知識という「自らの人材価値」です。「自らの人材価値」を高めたいというのは、調達・購買部門で働く人たちだけではなく、すべての企業人に当てはまる欲求でもあり、最もパワーがある駆動要因といえます。この３つの駆動要因について、詳しく考察してみたいと思います。

（1）顧客志向

　顧客満足は、企業が成長するための必須条件です。顧客志向に基づく顧客満足が顧客ロイヤリティを生み、企業の売上向上と利益の改善をもたらすのです。調達・購買部門も企業組織の一部ですので、この顧客志向を強く意識した活動をすることが必要となります。

　しかし、調達・購買部門には、顧客に近いところに位置していないというハンディがあります。そのため、顧客志向を実施する状況を意図的につくっていく必要があるのです。

　その方法は、２つあります。１つ目は、常に顧客を意識して調達・購買業務を実行することです。例えば、調達・購買部材の価格を引き下げることや納期・品質水準を向上・維持することが顧客にとってどのような意味があるのかを考えて業務に当たるのです。２つ目は、顧客と直接コミュニケーションする部門（営業、製品開発、品質部門など）を徹底的に支援することです。その部門との共通言語は「顧客志向・顧客満足」だと意識し、協調した活動を展開するようにしましょう。

　調達・購買部門が顧客志向で活動していれば、他の部門からも協力を得やすくなり、経営層からの支持も高まります。その結果、調達・購買の業務実効性も高まり、会社への貢献度が向上することになります。

（2）調達・購買部門の存在感

　調達・購買部門の存在感を高めるのは、何のためでしょうか。１つは、調達・購買部門の会社業績への貢献の可能性をより大きくするためです。もう１つは、

調達・購買部門で働く人たちのモチベーションアップのためです。

存在感がある組織に属している社員は、自らを磨くことに励み、仕事の質も向上して、会社への貢献度が高まります。存在感があれば、経営層や他の部門からの注目も高まり、見られることで、さらに磨きがかかるのです。また、存在感を維持するためには、常に成果をあげ続ける必要があります。これが機能強化のエネルギーになると同時に、調達・購買部門で働く人たちのモチベーションを高めるのです。

それでは、どのようにして存在感を高めたらいいのでしょうか。成果物である調達・購買部材のQCDで地道に成果をあげているだけでは、なかなか存在感は高まらないでしょう。そもそも、調達・購買部門は、他の部門からその付加価値や貢献度を評価されにくく、存在意義の認識度も高くありません。この理由として考えられるのは、調達・購買部門の全社業績への貢献とその源となるスキル・知識が他部門などに理解されていないことです。これは、企業経営の面で好ましくありませんし、調達・購買部門で活動するメンバーの誇りやモチベーションにもマイナスの影響があります。

これを打破するには、2つの活動面での対策が必要です。1つには、全社的な活動への貢献や成果をアピールすることです。この際には、成果達成のために活用したスキル・知識も示すことが重要です。もう1つは、営業、開発、設計、品質、生産などの他部門との協力・連携活動の中で、調達・購買部門の存在感を示すことです。

① 全社的な活動への貢献をアピール

全社的な中期経営計画・年度目標と調達・購買部門の目標を明確にリンクさせて成果を出し、それをアピールすることです。会議などでイニシアチブをとり、成果とともに、活用したスキル・知識を明らかにしてアピールします。また、緊急対応として組まれる全社的なプロジェクト活動などがあれば、アピールの場に利用できます。この他には、次のような機会を利用してアピールすると有効です。

(ア) 社内イベント・プロジェクト

社内のイベントやプロジェクトで、他の部門より優れた成果をあげることです。このような活動のテーマとしては、リスクマネジメント、コンプライアンス (法令などの規範の遵守)、人材活用・部門内教育などがあります。

（イ）災害発生などの緊急時

第8章で説明するリスクマネジメントの成果を全面に出して、被害を最小化したことをわかりやすく説明します。取引先の被災に、調達・購買部門はバタバタと対応して、時間の経過とともに何となく乗り切ったというような印象を持たれることは避けるべきです。

② 他部門との協力・連携活動を通じたアピール

調達・購買部門の存在感とは、他部門と協力・連携して成果を出す過程で、副産物として生まれるものです。こうした活動で存在感を出すための5つの心得について説明します。

（ア）調達・購買部門の貢献物の明確化

他部門との協力・連携活動では、活動の目的と成果物が確定されます。その際には、調達・購買部門の貢献物を明確にすることが肝心です。連携の場で、メンバーが明確なノウハウ、サービスを提供できないと、他の部門の便利屋・使い走りになってしまいます。

調達・購買部門のメンバーは、取扱部材の知識、業界の知識、取引先との商談スキル、経営戦略・計画の知識、マーケティングの知識、部品の製造工程の知識、取引先との交渉力、外国語力、プレゼンテーション力などを発揮して、連携活動に貢献することが求められます。連携の目的と成果物から活かされるノウハウや知識が推測できるので、連携ではそれを意識して活動します。

（イ）既存の場・手段の活用

協力・連携活動というと、特別なプロジェクト組織を編成して遂行するようなイメージを持つ方もいるかもしれません。しかし、このような特別な組織編成での活動は、協力・連携する部門の人たちに負担感を与える可能性もあります。そこで、できる限り既存の会議などの場を活用するようにします。このような場を活用すれば、相手の負担も少なく、効果的に連携が進められます。

例えば、次のような場が考えられます。現時点で調達・購買部門からは誰も参加していなくても、貢献物を明確にして、参加するようにします。

・営業部門と開発部門の会議
・品質会議
・生産会議

- ・製品開発から量産開始までの諸イベント
- ・取引先との打ち合わせ

以上の他に、イントラネット、メールなどを手段として、情報・データベースの共有などを進めるのもいい方法です。

(ウ) 共感・気配り・迅速な対応

連携部門とそこに属する人たちへの気配りと共感力、問い合わせやミーティングのフォロー事項への迅速な回答・対応などです。調達・購買部門の通常の活動においては、取引先が主なコンタクトの相手です。売る立場上、取引先の人たちが気配りをするので、バイヤーは感受性、気配りを育む機会に恵まれないといえます。そのため、バイヤーの皆さんは意識して、この気配りや感受性・共感力を働かせる努力をすることが大切なのです。

日頃から次のようなことを実行すれば、感受性・共感力がよく働くようになり、連携部門の人たちとの共感性の高い、良質のコミュニケーションが可能となります。

- ・相手の立場になり、相手の視点から状況を把握する。
- ・連携部門のメンバーへの共感性を持つ。
- ・相手の自尊心を尊重する。例えば、話下手なエンジニアでも、自らの技術力には誇りを持っている。
- ・期限や時間を厳守する。
- ・打ち合わせや会議では、オープンで明るい雰囲気をつくる。

(エ) 調達・購買メンバーのスキルアップ・知識向上

高い感性でのコミュニケーションと知(スキル・知識)を高める努力が必要です。得意分野のスキル・知識を柱として、広範なスキル・知識を持ち、どんな場面でも、どんな相手にでもアピールできるようにしましょう。

第11章では、必要とされるスキル・知識を3つに分類して、具体的に説明しています。

(オ) 部門内の掲示・展示物の充実

製品開発部門には、測定器があり、技術関連の張り紙があります。生産部門でも、諸々の機器やラインワーカーの技術資格水準を示す張り紙などがあります。調達・購買部門も、このようなオフィス設計をして、連携部門のメンバー

が調達・購買部門に来たときに、調達・購買の専門性を印象付ける工夫が必要です。

例えば、部門内に専門書を置いたり、掲示物を目立つようにしたり、VAの成果が出た製品を展示するなどの方法があります。これらは、相手に調達・購買部門への信頼感を持たせるのに役立ちます。

(3) 自らの人材価値

社内で他の部門と連携する際、調達・購買部門には、ものづくり、マーケティングなどの関連知識だけでなく、相手に共感する力が求められます。また、外部会社との取引でも、経営、人材、開発・設計、生産、品質など、幅広い知識が要求されます。調達・購買部門には、知識を広げ、スキルを向上させる機会があふれているのです。

このことを、まずは調達・購買部員が認識して、自己研鑽に励むことが必要です。人材価値を高めるためには、会社や部門が実施する教育訓練や上司などによるOJTも大切ですが、駆動要因の面からは補助手段です。実務や自己学習など、個人単位の取組みを通じた人材力の向上が、会社・部門の業績目標や中期課題達成の実行力になるのです。

2.3　方向付けをし、駆動要因を働かせて調達・購買業務を遂行

調達・購買部門の戦略・中期計画により目指す方向が決まったら、このあと第2章から第11章までで紹介する具体策を参考に年度計画を策定して、駆動要因を意識的に働かせながら日々の業務を実行・展開し、調達・購買業務の機能強化を進めます。

3. 調達・購買機能強化のための枠組み

調達・購買部門の機能強化は、調達・購買部門の戦略・中期計画（全社の戦略・中期経営計画などに基づいたもの、ならびに調達・購買部門としての戦略課題への挑戦によるもの）の枠組みに従い、部門長のリーダーシップのもとに実行されるのが原則です。ただし、規模の小さい会社では、中期経営計画がない場合があります。この場合は、異なった方法での機能強化実行が必要です。

例えば、経営者が直接機能強化を促すか、調達・購買の実務担当者が自主的に計画を立て提案し、上司の了承のもと地道に改善を進める方法があります。後者の場合でも、経営者の理解と支援は必要となります。経営者の理解と支援を得るには、経営者が何を考えていて、会社をどのようにしたいと思っているのかを知り、その思いに沿って提案をすることが求められます。

第2章　コスト低減

1．本章の位置付けと趣旨

　本書の中でのこの章の位置付けは、序章「本書の概要」の 13 頁にある**図表序－1**に示した通りです。

　コスト低減は、調達・購買活動の QCD 要素マネジメントの１つです。製造コストの中でも最大の調達・購買部材のコストを低減させることは、調達・購買の核となる活動といえます。

　この章では、コスト低減を実現するための具体策を述べていきます。コスト低減のためのさまざまな手法に触れ、さらに見積りの査定について説明します。また、調達・購買部材のコストに大きく関連する定期的な価格交渉についても、手法とプロセスなどを詳細に説明します。

2．コスト低減を実行するための条件設定と手法

　コスト低減を実行するためには、経営・事業計画を基盤とした調達・購買部門の中期・年度計画とリンクした目標を設定する必要があります。そして、その実現には、開発・設計部門や生産技術部門、製造部門と有効な連携をとるとともに、取引先の知恵を活かすことも重要です。

2.1　コスト目標値の設定

　調達・購買部材コスト低減の数値目標には、大きく分けて２つあります。１つは、製品設計段階で設定される目標原価から算出される目標です。もう１つは、会社・事業の利益目標達成のための全社もしくは全事業部のコスト低減活動にリンクした目標です。特に、製品開発における原価目標達成活動では、会社・事業の中長期成長計画を実現する活動を念頭に行うことが求められます。

2.2 取引先の知恵の活用

　調達・購買部材を実際に製造するのは取引先です。そこには、長年の製造経験で培ったノウハウや、その会社ならではの特性があるはずです。そのような取引先の資源をコスト低減の知恵として活用するのも、調達・購買部門の任務です。

2.3 他部門との連携

　全社のコスト低減活動は、部門間で連携して行うことで高い成果をあげられます。これと同じで、調達・購買部材のコスト低減も、調達・購買部門単独で行うより、他の部門と連携して実行した方がより大きな成果を出せます。製品開発・設計期間中は、開発・設計部門との連携が必須です。また、取引先へのアドバイスや指導による部材のコスト低減では、IE に精通している生産技術や製造部門との協調が必要です。

2.4 コスト低減を実行するための手法
(1) 自社単独もしくは取引先との共同 VA/VE

　VA は Value Analysis、VE は Value Engineering の略ですが、考察方法や活動目的などは同じです。ここでは、これら2つをまとめて VE と呼ぶことにします。VE 活動における調達・購買部門の役割の1つは、取引先の知恵を VE に活用することです。

① VE の定義

　VE とは、モノやサービスが持つ「機能」と、それを実現する「コスト」の割合により価値を定め、この価値を高めようとする管理技術のことです。VE の観点から、部材の価値は次の式で表すことができます。

$$部材の価値 = \frac{機能：部材の効用の大きさ}{コスト：投入した費用の大きさ}$$

この式からわかるように、VE で部材の価値を上げるには次の方法があります。
・コスト低減による価値向上
・機能向上による価値向上
・コストの増加以上に機能が向上することによる価値向上

・コスト低減と機能向上による価値向上

　VEでは、これらのすべての方法を活用し部材の価値を上げることが求められますが、この章では調達・購買部門とかかわりが深いコスト低減に関連する方法を中心に検討します。

② VE検討の視点

　VEを実行するにあたっては、次のような視点から考察・検討します。

　（ア）顧客の真の要望を追求

　　自社の経営者の要望でもなく、自社の開発・設計エンジニアの要望でもない、顧客の要望を追求するという視点が求められます。また、顧客が求めるのはモノではなく機能だと考えれば、その機能を実現できる別の部材に変えてもいいのです。

　（イ）他の部門や取引先との連携

　　調達・購買部門でのVE活動では、開発・設計部門などの社内関係部門だけでなく、取引先を巻き込むことでより大きな成果が期待できます。

③ VEの実施手順

　（ア）対象部材の選定

　　コストの低減効果が大きいもの、比較的短期間に成果を出せるものを選定すると活動のモチベーションが上がります。次の視点で選定するといいでしょう。

　　・調達・購買金額が高いもの（単価が高く、数量が大きいもの）
　　・機能の割には調達・購買単価が高いと考えられるもの
　　・現有の資源（ノウハウ、設備、人材など）で成果が出せるもの

　（イ）情報の収集

　　次のような情報を収集します。

　　・対象としている自社製品についての情報：コストの中の材料費、部材の種類、開発・設計の履歴、保守性、品質、製造工程など
　　・対象としている製品の競合会社も含めた一般情報：構成部材のメーカー、技術情報、製造工程、コストなど
　　　＊他社の製造工程やコストについての情報を入手するのは、現実的には困難です。後述するティアダウンなどの方法により推定します。

（ウ）機能の定義

どのような機能を持った部材なのかを評価します。改善案の発想の自由度を高くするために、機能の評価は大きな枠組みを名詞と動詞で簡潔に表現するといいでしょう。

例えば、次の２つの部材の機能を表現する場合を考えてみましょう。

・LCR で構成されたフィルター（電子部品）

　　良い例　「必要な周波数を取り出す」

　　悪い例　「ノイズを除去する」

・家電製品に使われている押しボタンや回転ノブの表面処理

　　良い例　「表面の美観を良くする」

　　悪い例　「メッキをする」

（エ）アイディアの発想

次のような視点からアイディアの発想をし、機能への影響とコストを推定します。

　・現在より簡単な機能にできないか

　・他に同じ機能をするものはないか

アイディアの発想を促すには、**図表２－１**のようなチェックポイントを整理したリストを作成しておくと有効です。

図表２－１　VE アイディア発想促進のための視点とチェックポイント

視点	対象部材	チェックポイント
自社の製品全体に関する VE 視点	すべての調達・購買部材	部材の削除、標準部材への置換え、部品・材料の変更
取引先メーカーでの加工に関する視点	主として自社の図面部材	加工方法の簡素化、加工の省略、公差を大きくする、加工しやすい部材への変更、寸法・形状の変更、加工方法の変更、仕上方法の変更、表面処理変更、材料取り法変更、部品の軽薄化
取引先メーカーでの組立てに関する視点	すべての調達・購買部材	２つ以上の部品を結合、組立方法の変更、ユニット化

アメリカ国防省「価値分析ハンドブック」には、さらに詳細なチェックポイントが述べられています。これを参考に、自社の業種、製品などに適合したチェックリストを作成するといいでしょう。また、経験を通じて得たノウハウを一般化した表現にすると、いろいろな場面に応用ができます。

(オ) VE 提案（取引先からの提案）

取引先からの VE 提案を推奨している企業は多いと思いますが、取引先からの提案を実効性の高いものにするには、次のような工夫が必要です。この工夫が取引先に理解されるようにイニシアティブを取り、自社の関係部門（開発・設計、製造、品質など）の理解を得るようにするのが調達・購買部門の任務です。

(ⅰ) その取引先らしい提案が出る仕組みにする

自社図面部材の場合、実際に資材調達して製造をする取引先の立場から提案をしてもらうようにします。取引先には、次の3つの視点から提案をしてもらいます。

・取引先の部材調達・購買の視点：低価格の別の材料の提案（大量に調達・購買している材料メーカーへの変更、標準品への変更など）
・取引先の製造の視点：不良率を改善する、残材を減らす（形状変更や寸法変更）、標準工具で加工できる仕上げ、寸法・較差など他社と差別化できる加工法（一体化成型など）、加工しやすい材料の採用
・諸費用の視点：発注数量の検討（製造加工ロットに合わせる）、標準梱包・通い箱の採用、納入頻度・日程の見直し（大口の他の顧客の運搬に組み込む）

(ⅱ) 取引先が検証まで行う決まりとする

調達・購買部門は、取引先に提案してもらうだけではなく、その提案の実現性を検証してもらうようにします。自社の開発・設計部門に、検証方法を具体的に提示するよう働きかけます。調達・購買部門は、取引先から出た VE 案を開発・設計部門に検討させるだけという印象を持たれないよう、取引先が実現性を検証する仕組みを策定する必要があります。

(ⅲ) 取引先も成果を共有できるようにする

取引先と自社との利益分担割合、期間などをあらかじめ決めておきます。取

引先に丸投げはせず、調達・購買部門が取引先のアイディアを引き出すようにイニシアティブを取ることが重要です。この章の最後に、取引先からのVE提案書のフォーマットを添付していますので、参考にしてください。

(カ) 実施

　提案を検討して実行の責任者を決め、実施に向けた検討が迅速に行われるよう手配します。取引先の提案に関しては、調達・購買部門から責任者を選定するのが適切です。

④　部材の種類ごとのVEの例

　ここまで、VE手法を調達・購買の立場から一般的に述べてきました。図表2－2にVEの具体的な例を部材の種類ごとに紹介していますので、理解の補助としてください。

図表2－2　部材の種類ごとのVE（例）

仕様・部材の種類	VE対応の視点	説明
材料	寸法変更による廃材減（取引先の部材調達・購買の視点ならびに製造の視点でのVE）	材料単価、機械加工費ともに高い上、削り量が多く廃棄材も多くなってしまうように設計されていた丸物部品の外径寸法を少し小さくすることで、一回り小さな寸法の材料を使うことができるようになり、機械加工費ならびに材料調達・購買単価が低減
自社の図面部品（例：金属加工部品）	加工方法の変更（取引先の製造の視点でのVE）	切削加工でバレル研磨が必要だったものを、取引先の高い技術を活用してプレス加工にし、部品を一体化させてバレル研磨工程をなくし、調達・購買単価を低減
取引先メーカーの標準品（例：電子部品）	新しいシリーズへの変更（調達・購買バイヤーの提案による部品・材料の変更）	自社の従来製品から搭載しているサイズの積層セラミックコンデンサーを開発・設計部門で指定していたが、新規に量産がはじまる際、小型のものに置き換えた。これにより、量産開始時の調達・購買単価が低減。さらに、この新しいサイズのものがその取引先の主力生産部品となることが明確になっているので、将来のさらなる単価低減も確実

(2) 競合品等のティアダウン

　ティアダウンとは、自社製品と競合関係にある他社製品を分解して、使用・性能・新技術・新工法・コストなどについて、徹底的に比較分析を行うことです。調達・購買コスト低減の視点からは、このティアダウンを通じて、良いところをそのまま採用して、競合製品に負けないコスト目標を設定することが目的となり

ます。

　ティアダウンはVEと比較すると、現状の商品にただちに導入することができる即効性が高い手法です。特に、コスト低減を目的としたティアダウンは、コストティアダウンと呼ばれています。競合会社の製品からコスト低減の機会を見出し、それを採用することで、自社製品のコスト低減につなげ、製品の価格競争力を高めることが目的です。競合会社の製品を、コストの視点から自社製品と比較します。調達・購買部門においては、図面部品の加工・組立方法をチェックし、電子部品などのカタログ品では、採用メーカーをチェックすることになります。

　コストティアダウンの基本ステップは、**図表2－3**の通りです。

図表2－3　コストティアダウンの基本ステップ

＜準備段階＞

推進計画立案	競合会社の選定
情報収集	競合会社の新製品開発動向・発売情報
推進メンバーの決定	開発・設計、調達・購買、生産技術、原価管理

＜実行段階＞

組立時間推定	工程設定、工程見積もり
仕様部材のまとめ	部品構成表を作成
全体集約・分析・提案	提案シートにまとめる
フォローアップ	採用項目の決定と新製品開発への採用、進捗チェック

　ティアダウンは、同業の競合会社製品を分析するだけのものではありません。特に、コストティアダウンでは、例えば、建設機械や生産設備業界などの調達・購買担当者や開発・設計部門のエンジニアがスマホやオーディオ・TVなど価格競合が激しい業界の製品から学ぶといった、枠をはみ出たティアダウンも必要で

す。また、ティアダウンでは、競合会社の製品に直接現れた良い部分を取り入れるだけではなく、その根本にある製品設計、調達・購買、製造面での基本的な考え方を学ぶことがより重要です。表面の良いとこどりに終始していると、後追いのコスト低減になり、競合相手の後塵を拝することになります。

そして、調達・購買部門の分析を開発・設計部門や製造部門に理解してもらい、共同で行うティアダウンの成果に滑り込ませれば、開発・設計や製造部門にも受け入れやすいものになります。

これらを整理したものを、図表2-4に示します。

図表2-4　ティアダウンのまとめ

対象	目的・収穫物	特性	例
競合会社の製品	優れた部材、設計、製造法の良いとこどり	短期・即効性 後追割り切り型	より小型の表面実装部品を採用する。複数機能を統合した集積回路を採用する。
コストダウンが進んでいる他業界会社の製品	調達・購買、開発・設計、製造などの優れた基本的考えの学習	中長期熟成 先行追求改革型	先端部品については、現在の取引先にとらわれず、広く新部品の開発、市場投入の情報把握に努める。

(3) 取引先工程改善

取引先の製造現場での工程改善により製造コストを引き下げ、調達・購買部材の単価を下げる方法です。この取引先の工程改善は、自社の生産技術部門や製造部門の専門家と連携して、取引先の生産現場を視察して行うものです。実行にあたっての留意点は、次の通りです。

① **取引先の理解を得て、利益・モチベーションにつなげる**

取引先が中小の製造業であっても、自分たちのやり方に経営者も製造現場の責任者もプライドを持っているものです。そこに土足で上がるような態度で視察して、上から目線で指導・アドバイスしても、受け入れられず、肝心のコスト低減につながりません。諸々の取引活動を通じて、両者に信頼関係が構築されていな

ければなりません。

　また、活動実行での工夫も必要です。例えば、自社のコスト低減活動の枠組みに関連取引先もVE活動などで参加してもらい、その活動の一環として、その取引先の生産工程でコスト低減の可能性を見つけてもらうような流れにすれば、受け入れられやすくなります。

　成果が出た場合、取引先の利益にもなるようにすることも、モチベーション上必要です。例えば、コスト低減の成果は折半するようにしたり、表彰をして将来の取引にも有利になるようにしたりなど、取引先にメリットが出ることを実行するのです。

② **連携部門の理解と協力を得る**

　連携部門の協力者がモチベーションを維持するための工夫が必要です。例えば、全社のコスト低減活動の一環として調達・購買部門と生産技術部門などが協力して実行するという流れをつくり、成果が出たら連携部門の担当者の人事評価も上がるようにするといいでしょう。これには、経営層の理解と支援が必要です。

③ **調達・購買部門がイニシアティブを取る**

　生産技術や製造の専門家は、事実をストレートに伝える傾向があります。良い改善提案もストレートに伝えすぎると、取引先に受け入れられません。自社の専門家たちには、取引先への伝え方に十分な配慮が必要なことを理解してもらい、合意を得ておきましょう。その際、「皆さんからの素晴らしい改善提案が実行されるために」という点を強調して、理解を得るような工夫をすることが大切です。

　取引先に改善提案を実行してもらうためには、調達・購買部門は、次のような点に留意して取引先に提案内容を伝え、連携の成果が出るようにイニシアティブを取ることが求められます。

- 共存共栄を目指す提案であることを述べる。
- 取引先の会社の経営者の想いや理念などに関連付けした表現にする。例えば、「品質第一」が経営方針や社長の想いにあったら、今回の提案が品質向上につながることを表現する（明確に述べるかそれとなく表現するかは、状況で判断）。
- 取引先にもコスト低減の利益があることを述べる。両者がアイディアを出し合って結果が出たら、その成果（コスト低減）を折半することをはじめに合

意しておく。
・提案は工程全体の観点から、具体的にわかりやすく述べる。特に、規模の小さい企業への提案には、専門用語の多用は避ける。また、効果は金額で表現し、提案実施にコストがかかる場合はそのコストも金額で表現して、費用対効果を明確にする。
・製造現場の責任者と作業員の協力に感謝する。現場の人たちのプライドを尊重し、上から目線の指導は避ける。
・製造現場の責任者と作業員の関心に配慮する。例えば、製造課長など現場の責任者が「作業員による改善活動の活性化」に関心があったら、今回の活動で作業員から多くのアイディアが出されたことを具体的に述べる。

④ 基礎知識

　取引先に対する工程改善の具体的提案には、その道のプロである自社の生産技術や製造部門の専門家の力を活用しますが、調達・購買のバイヤーも取引先工程改善のための基礎知識は持っておきましょう。その１つが、IE（Industrial Engineering）です。IEは、製造現場の「工程」や「作業」を分析し、「生産性向上」と「コスト低減」を実現する手法ですが、狭義には、生産現場の作業研究を指します。作業研究は、合理的な作業方法を決め、公正な作業時間を決める手法の体系です。狭義のIEの概略体系を、図表２－５に示します。

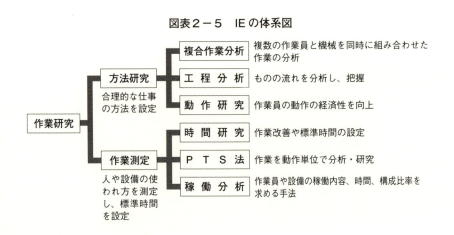

図表２－５　IEの体系図

（4）調達・購入部材の標準化

　個別生産や多品種少量生産では、調達・購買部材の種類が増える傾向があります。そのため、調達・購買部材の単価が高くなるだけでなく、手間や経費、ロス金額が増加してしまい、調達・購買のトータル・コストアップにつながります。これに対応するために、調達・購入する部材の仕様などを増やさず、一定の特性、規格、形状、材質などに制限するのが標準化です。この標準化の意義・効果、進め方と留意点は、以下の通りです。

① 標準化の意義・効果

　（ア）部材調達・購買単価の低減

　　取引先への部材あたりの発注量が多くなるため、調達・購買単価が低減します。

　（イ）品質の改善と安定

　　品質のバラツキや品質不良が少なくなり、品質が改善し安定します。

　（ウ）納期の短縮

　　取引先で常備部材として在庫がなされるため、短納期に対応できます。また、部材の原材料の在庫も適量が確保しやすくなり、納期が短縮されます。

　（エ）自社の部材在庫量の減少

　　互換性が高まり、自社の在庫数量を減らすことが可能になります。

　（オ）調達・購買の管理費用の低減

　　発注回数・納期トラブル・品質問題・在庫管理の手間などが減り、管理費用が低減します。

　（カ）その他

　　開発・設計部門での業務効率や製造部門での生産効率が高まります。

② 標準化の進め方

　調達・購買部材のQCDの観点からは、品質の低い部材、価格の高い部材、納期の長い部材を標準化するとさまざまな問題が生じます。このような問題を避けるためにも、標準化する部材（標準部材）の選定は、判断基準を定めて効果的に行う必要があります。また、開発・設計部門、製造部門、品質部門などと協議の上、それぞれの部門の見解を考慮して進めることも必要です。

　手順としては、まず使用部材の実績調査を検討し、標準部材の選定基準を設

け、標準部材のデータベースを作成します。調達・購買部門としては、取引先の集約の観点から標準部材設定を推進していくことが求められます。

　そして、標準部材決定以降の管理活動が非常に重要になります。この管理活動が合理的に行われないと、標準部材の種類増大や取引数の増加につながり、標準化活動が有名無実になってしまいます。標準部材の追加には上位職の承認が必要であることや、1つ追加したら現行の標準部材を1つ削除することを規定するなど、無管理による標準部材の増加を防止する規定を定めることも必要です。

　また、標準化は取引先や部材の固定が目的ではありません。取引先市場での新規部材の開発などに留意して、継続的に導入・置換えを行うようにします。

(5) 調達・購買取引先の集約

　言葉の通り、調達・購買取引先の数を集約して、取引先あたりの購買金額を大きくする方法です。図表2-6の矢印A、B、C、Dで示すように、経済性優先取引先や戦略的取引先に集約するのが基本的な考え方です。しかし、特に先端技術関連の部材では、集約と新規取引先の導入をバランス良く行うことが必要です。自社の製品が市場で競争力を持つためには、最先端の部材を採用すべく、新規取引先を開拓することも不可欠になるからです。反面、新規取引先が野放図に

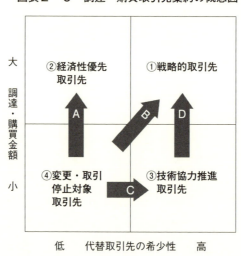

図表2-6　調達・購買取引先集約の概念図

増えることも避けなければなりません。そのためには、新規取引先と取引を開始する際には、調達・購買部門長の承認を義務付ける、1社取引先を追加する場合は、1社取引を停止するなどの決まりを設けることも必要です。

（6）取引先のサプライチェーン全体からのコスト低減

これまで、取引先での部材調達・購買や製造面でのコスト低減について検討してきましたが、サプライチェーンの他の部分にもコスト削減の機会はあります。部材の製造が完了した後のプロセスである、梱包、納入頻度、納入方法などを検討して、コストが削減できないか考えます。

（7）調達・購買契約によるコスト低減

取引先と締結する調達・購買契約において、数年単位で単価を決める方法です。自社製品の性能や仕様に大きな影響がある戦略部品の調達・購買で、この方法を取る場合があります。技術競争力が高いメーカーから最新の部品を長期間採用することが決まっている場合などで、数年間にわたり、自社の調達・購買数量を提示し、その代わり取引先から毎年の価格低減を明記した契約を締結するものです。将来の数年間の数量を正確に予測することは事実上不可能なので、数量が変動した場合は、価格を交渉すると決めておきます。

すべての取引先とこのような契約が結べ、その年度ごとの価格が自社もしくは自社調達・購買部門の中期計画に沿ったものであれば、調達・購買部門としては、戦わずして結果を得ることになります。

もっとも、契約を結ぶときに数年度の価格決定の交渉をすることになるので、"戦わず"という言葉は正しくはないかもしれません。とはいえ、この方法をすべての取引先に適用することは、実際にはほとんど不可能です。そこで、定期的に取引先と価格交渉をすることになります。

下請代金遅延等防止法（下請法）の対象となる取引先とこのような数年単位の契約を締結した場合は、実際の運用において、同法違反にならないよう留意が必要です。たとえ長期の価格契約をしていても、このような取引先から原材料価格、エネルギーコスト、労務費などが上昇して契約価格を満たすことができないと申出があった場合は、契約価格を無理やり適用させることは法令違反になる可能性があります。法務の専門家の意見を聞いて対応することが必要です。

2.5　見積価格の構成要素・体系

　ここでは、見積価格の構成要素・体系を述べ、見積りを構成するコスト要素を考えていきます。価格の体系は、材料費、加工費、販売管理費と利益から構成されています。以下、これらの項目の明細を説明します。これらの項目についての知識は、見積査定をする上で基本となるものです。

図表2－7　見積価格の構成・体系

```
                    ┌─ 材料費
                    │   使用した材料の費用から、スクラップ
                    │   を販売して得た収入を差し引いたもの
                    │        └─ 部分品・付属品
                    │            部品の部分品や付属品として外部から
                    │            購入したものは、部分品・付属品とし
                    │            て材料費とは別に加算
  見積価格 ─────────┤
                    ├─ 加工費
                    │   労務費と設備・機械の償却費、土地・
                    │   建物の償却費、税金、保険料、電気・
                    │   水道・ガスなどの稼働費、そのほかの
                    │   補助部門費で構成
                    │
                    ├─ 販売管理費
                    │   給与、宣伝広告費、福利厚生費、交際費、
                    │   旅費、交通費、通信費、光熱費、減価
                    │   償却費など
                    │
                    └─ 利　益
```

① **材料費**

　材料費は、使用した材料の費用から、スクラップを販売して得た収入を差し引いたものです。また、部分品・付属品は材料費にはせず、別に加算します。

② **部分品・付属品**

　部品の部分品や付属品として外部から購入したものは、①の材料費とは別に加算します。

③ **加工費**

　加工費は労務費と設備・機械の償却費、土地・建物の償却費、税金、保険料、電気・水道・ガスなどの稼働費、そのほかの補助部門費で構成されています。加工費の体系を、図表2－8に示しました。

第2章 コスト低減

図表2-8 加工費体系図

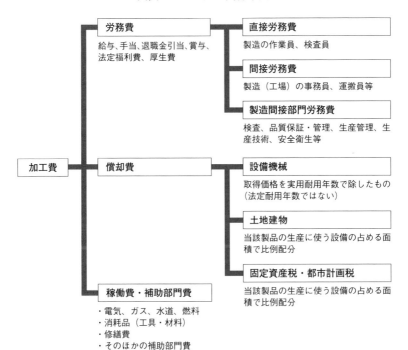

(ア) 労務費

次の対象部門の従業員や役務に対する給与、手当、退職金引当、賞与、法定福利費、厚生費からなっています。

- 直接労務費：製造の作業員、検査員
- 間接労務費：製造（工場）の事務員、運搬員など
- 製造間接部門労務費：検査、品質保証・管理、生産管理、生産技術、安全衛生など

(イ) 償却費

償却費は、設備・機械の償却費、土地・建物の償却費、税金、火災保険料が関連しています。

- 設備・機械：取得価格を耐用年数で除したものが年あたりの償却費となります。耐用年数に法定耐用年数を用いては、技術革新の激しい業界では長

43

すぎるので、実用の年数で算出します。
- 土地・建物：当該製品の生産に使う設備の占める面積で比例分配します。
- 固定資産税・都市計画税：土地・建物と同様に、当該製品の生産に使う設備の占める面積で比例分配します。

(ウ) 稼働費・補助部門費

次のような費用が関連しています。
- 電気、ガス、水道、燃料、
- 消耗品（工具・材料）
- 修繕費
- そのほかの補助部門費

④ 販売管理費

販売活動や一般管理活動に伴って発生する費用で、給与、広告宣伝費、福利厚生費、交際費、旅費、交通費、通信費、光熱費、減価償却費などがあります。

2.6 見積価格の査定

次に、取引先から提出された価格の査定について述べます。

(1) 見積価格の査定方法

取引先から提出された見積価格が妥当であるか否かを査定する方法には、次のようなものがあります。

① 複数取引先比較法

調達・購買バイヤーが一般的に使っている方法です。複数の取引先の価格を比較し、時には競合させながら査定する方法です。

② 過去見積比較法

過去の同製品の価格見積りに、その時点からの変化（例：材料費の推移）を考慮して査定する方法です。

③ 類似品との比較法

過去に発注した経験のある類似品から査定する方法です。基準となる別の類似品と現在品との差が明確にできる場合に有効です。

④ コスト構成分析法

見積りの構成コスト要素を詳細に査定する方法です。自社が発行した図面に基

づいて取引先に製造してもらう部品に適用します。手間がかかるので、コスト・パフォーマンスの観点から、単価が高く、調達・購買数量が大きな部品を対象とするなどの選定が必要です。取引先からの見積書には、材料費、付属部品費、加工費、販売管理費、利益、運送費など、項目別に明細を記入してもらうことが必要です。この分析法について、次に詳しく解説します。

(2) コスト構成分析法による査定の進め方

　ここでの説明は、データや情報が揃っていて、査定検討の時間も十分ある場合を想定しています。時間がかかりコストが高くなることもあるので、妥協点を見つけて査定するのが現実的です。

　取引先からの見積りの査定は、原則として、合理的に行うべきですが、費用項目によっては、厳密な合理性に基づいた査定ができないものもあります。また、データや情報など、合理的に判断する材料が揃っていても、査定には労力がかかる場合があります。

　どのレベルでよしとするかは、取り扱う部品にもよります。実際に査定を経験して、組織として決めておくのが実務的な対応です。また、細かく検討すればコスト低減のアイディアが出てきます。

① 項目の妥当性検討

　自社向けには入れるべきでない項目を除外します。具体的には、次のようなものが考えられます。取引先に順当な説明をして、納得を得て除外します。下請法の対象となる取引先に対し、買い手の強い立場で除外を強要すると、法令違反になる可能性があります。

（ア）加工費

　次の費用は、当該部品の加工に無関係な場合、見積りからは除外すべきです。
　・設備・機械の償却費
　・外注加工費
　・研究開発費

（イ）販売管理費

　算入を認めるべきでないと考えられる費用項目は、次の通りです。
　・事業税：利益に対する課税なので、見積りに加算するのは非合理
　・広告宣伝費：自社との取引に関係なければ除外

・販売手数料：自社との取引に販売代理店、商社などが関与していなければ除外
・交際費：自社との取引に関係なければ除外
・無償修理費：自社の責任ではないので除外
・試験研究費：自社向けの費用のみ算入

② 個別に付加する費用

　当該部品の設計・生産に関係する次のような費用を特定して、個別に取り扱います。支払いは一括払い、もしくは単価に加算して支払う方法などがあります。後者の場合は、単価に加算する数量を設定し、見積単価に加算して支払うことになります。

・当該部品加工の専用金型費など
・当該部品専用に発生した開発・設計費

　また、運送費（当該部品を運送する費用）は、加工や販売管理などで取引先の付加価値に関連して発生する費用ではないので、利益の枠外として個別に加算します。

③ あるべき基準値の設定

　ここまで述べた費用の分類と除外項目、個別付加費用の特定などを行った後に、自社があるべきと考える基準値を設定します。

（ア）基準の設定数値の種類

　単位時間あたりの金額で基準値を設定するのが本来の方法ですが、販売管理費はこの方法をとるのは不可能です。そのため、販売管理費の製造原価に対する比率で基準値を定め、取引先と合意するようにします。加工費は、時間あたりの金額で基準値を設定します。

（イ）基準値の設定方法

　設定の方法には、次の２つがあります。

・取引先の中のベストを基準とする方法
・省庁などの公表統計データを参考に費用金額を推定する方法

　同一加工部品で取引先数が十分ある場合は、データが豊富なため上の方法が可能です。そうでない場合は、下のやり方で基準値を定めるのが現実的です。

　この基準は、取引先に強要するものではありません。特に、下請法の対象と

なる取引先に自社の基準値を強要すると、下請法違反になる可能性もあります。また、良好な関係を維持する面でも適切ではありません。取引先とこの基準を念頭に打ち合わせをして差額の理由を明確にし、基準を改定したり、将来のコスト低減の機会を特定するためのものとして扱います。そのため、基準値を取引先に書面で正式に提示するのは控えた方がいいでしょう。

④ 査定のために必要な書類など

取引先の財務諸表（損益計算書、貸借対照表、製造原価明細書、減価償却明細、製造工程図）が必要です。提出を拒む取引先もあると思いますが、強制せず理由をよく説明して、できる限り提出してもらいましょう。提出されない場合は、口頭などで、データをできる限り収集します。場合によっては、生産現場を視察して、機械設備を実際に見て、購入年度や金額などを調査します。

また、一部の小規模企業や中小企業では、財務指標に誤り（計算ミス、費用の割当項目の間違いなど）があったり見積りに間違いがあったりする場合があります。資料の内容を吟味した上で、査定の資料とすることが必要です。見積りに入れるべき項目が漏れている場合もあるので、見積価格が低すぎる場合にも注意が求められます。

⑤ 合意内容の設定と事後計画

査定作業が終わったら、取引先と打ち合わせを持ち、次の取決めを行います。留意すべきことは、合意値の設定や事後改善計画の策定では、自社の見解を強要せず、共存共栄の考えに基づき、取引先も納得する手続きや内容で合意することです。特に、下請法の対象となる取引先に対しては、相手が納得しないまま、力まかせで合意を強要すると、下請法違反になる可能性もあります。

（ア）項目ごとの合意値の設定

費用項目ごとに、計算方法や計算のベースとなる数値について合意をします。合意は、一定期間継続し、同じ査定作業を何度も繰り返す必要がないようにします。この合意は開発期間の初期段階にとっておき、量産価格を決定する際、時間に追われた交渉をしないようにすることが必要です。しかし、下請法の対象となる取引先が、当初予期しなかった材料費や労務コストの上昇などを理由に合意価格の見直しを要請してきた場合は、検討する時間がないなどの理由で要請を拒否すると、下請法違反になる可能性がありますので、時間に追わ

れている状況でも誠意をもって要請を検討することが必要です。

(イ) 事後改善計画

　自社が設定した基準に満たない費用項目については、取引先に工程改善や歩留まり改善を求めるなどの要求を行い、事後改善計画を作成します。これにより、取引先とVA/VE活動や改善活動を行い、取引先との関係を活性化させる手段とすることができます。

(ウ) 査定用のフォーマット

　基準値設定、査定、取引先との合意値決定のために用いるフォーマットのサンプルを、図表2-9～図表2-12に示しました。あくまでサンプルですので、部材の種類等により、適宜変更して使用してください。

図表2-9　加工費（材料費）

材料名		項目	見積り	査定	基準値	基準値の根拠
	1A	材料単価				
	1B	1個あたりの投入重量				
	1C	1個あたりの投入金額				
	1D	スクラップ単価				
	1E	1個あたりのスクラップ重量				
	1F	1個あたりのスクラップ金額				
	1G	1個あたりの合計金額（1C-1F）				
	2A	材料単価				
	2B	1個あたりの投入重量				
	2C	1個あたりの投入金額				
	2D	スクラップ単価				
	2E	1個あたりのスクラップ重量				
	2F	1個あたりのスクラップ金額				
	2G	1個あたりの合計金額（2C-2F）				
	3A	材料単価				
	3B	1個あたりの投入重量				
	3C	1個あたりの投入金額				
	3D	スクラップ単価				
	3E	1個あたりのスクラップ重量				
	3F	1個あたりのスクラップ金額				
	3G	1個あたりの合計金額（3C-3F）				
材料費　総計（1G+2G+3G）						

第2章　コスト低減

図表2−10　労務費

年間総労働時間(A)	年間総直接労務費(B)	年間総間接労務費(C)	年間総労務費(D)=(B)+(C)	時間あたりの総労務費(E)=(D)/(A)	査定	時間あたりの労務費基準値	基準値の根拠

備考）
- 労務費：給与、手当、賞与、退職金準備引当金、法定福利費、厚生費
- 直接労務費：製造の作業員、検査員
- 間接労務費：製造（工場）の事務員、運搬員等、並びに製造間接部門の検査、
　　　　　　　品質保証・管理、生産管理、生産技術、安全衛生等など
- 直接労務費、間接労務費を別個に出せない時は推計する
　推計例）年間直接労務費×1.15＝年間総労務費

図表2−11　償却費

当該品にも適用する非専用設備・機械費

	関連工程	取得価格(A)	償却年数(B)	償却費(C)=(A)/(B)	年間稼働日数(D)	1日あたりの総稼働時間(E)	稼働率(F)	年間実質稼働時間(G)=(D)×(E)×(F)	時間あたりの償却費(H)=(C)/(G)
設備・機械(1)									
設備・機械(2)									
設備・機械(3)									
設備・機械(4)									
設備・機械(5)									
設備・機械(6)									
設備・機械(7)									

建物・固定資産税・都市計画税・保険

	建物年間償却費または年間税額(A)	当該品比率(B)	年間償却費(C)=(A)×(B)	年間稼働日数(D)	1日あたりの総稼働時間(E)	稼働率(F)	年間実質稼働時間(G)=(D)×(E)×(F)	時間あたりの償却費(H)=(C)/(G)
当該品関連建物								
固定資産税・都市計画税								
保険								

自社専用金型等

	関連工程	取得価格	合意償却数量	1個あたりの償却費
金型等（1）				
金型等（2）				
金型等（3）				

図表2−12　設備・機械等の稼働費

費用項目	年間実費	最新年間見込み	労働時間あたりの見込金額
電力			
ガス			
水道			
そのほか			

備考）
　年間総労働時間○○時間

2.7　取引先との調達・購買価格交渉

　調達・購買部門は、売買契約、納期問題、品質問題など、さまざまな場面、用件で交渉を行います。ここでは、調達・購買部材が行う価格の交渉について、実務的・具体的に留意点を述べます。

　価格交渉は、調達・購買部門の重要な任務の1つです。年間の交渉スケジュールの作成から、合意、振り返りまでの流れは、**図表2−13**の通りです。ここでは、この順番に従って、調達・購買部門の交渉の進め方について考察していきます。

図表2−13　取引先との調達・購買価格交渉のプロセス

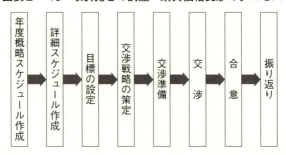

（1）年度概略スケジュール作成

年度単位で、戦略策定・目標設定など計画の概略を決めます。

（2）詳細スケジュール作成

目標金額設定、戦略策定、準備、交渉、回答入手、振り返りなどのスケジュールを作成します。

（3）目標金額の設定

以下の手順で、目標金額を設定します。

- 取引先ごとの推定年度調達・購買金額算定（概算値と全体調達・購買金額に占める比率を算定）
- 既定（交渉済み）値下げ金額リストアップ
- 値下げ交渉の全般的プラス要因とマイナス要因をリストアップ（マクロなプラス要因とマイナス要因をリストアップ）
- 取引先ごとの目標設定
- 値下げ目標の一覧表作成（確定済み値下げ金額とこれからの活動によるものに分けて一覧表を作成）

（4）交渉戦略の策定

目標金額が設定されたら、取引先との交渉です。交渉には十分な準備をして臨む必要があります。準備のない交渉は、交渉相手に強い印象を与えることができず、いい結果をもたらしません。

価格交渉の戦略策定のためのステップは、まず、自社が（値下げを）引き出すに際してのプラス要因とマイナス要因、取引先が値段を下げるに際してのプラス要因とマイナス要因に、価格交渉上配慮すべきその取引先特有の事情を考え合わせて、最終的に交渉戦略をまとめます。以下に、このステップごとの説明をします。

① プラス要因・マイナス要因とその取引先特有の留意事項をリストアップ

まず、自社が値下げを引き出す際のプラス要因とマイナス要因を、次の分野ごとにリストアップします。

- 自社の経営・事業をめぐる外部環境（政治、経済、社会、技術などのマクロ環境や業界、製品・技術などのミクロ環境）
- 自社の経営・事業の内部環境（新製品開発、終期の製品、売上の状況、新製品用の新規部材発注開始、経営資源）

次に、取引先が値段を下げるに際してのプラス要因とマイナス要因を、次の分野ごとにリストアップします。

・取引先の経営・事業をめぐる外部環境（政治、経済、社会、技術などのマクロ環境や業界、製品・技術などのミクロ環境）
・取引先の経営・事業の内部環境（売上、利益、経営資源）、経営計画、売上拡大重点分野、新製品開発など

そして、下請法の対象となっていないか、価格・数量など契約で拘束されていないかなど、自社とその取引先との価格交渉での留意事項を確認します。下請法の対象となる取引先との交渉では、下請法に十分留意して、法令違反になるような交渉は避けなければなりません。中小企業庁によれば、原価低減において望ましくないケースとして、次の事例が挙げられています。

・原価低減の目標値のみを提示する
・原価低減要請に応じることを発注継続の前提とする
・口頭でのみ削減幅を示唆する、等

② 自社と取引先のプラス要因・マイナス要因を整理

それぞれの要因の戦略策定での使い方は次の通りです。

（ア）自社のプラス要因

全面に出して、価格交渉の押しの材料とします。

例）自社製品の国内市場拡大、新製品量産開始

（イ）自社のマイナス要因

自社からはあえて話題にせず、交渉では目立たせないようにします。取引先が価格低減のマイナス要因として指摘してきた場合の対応を考えておきます。

例）一部の製品での調達・購買金額の減少、バイヤーの交渉スキル不十分

（ウ）取引先のプラス要因

言及して前面に出すか、言及せず念頭に入れておくだけにするかは、要因の内容によりますが、取引を成功に導く力になります。

例）取引先会社の利益拡大、取引先の工程改善活動

（エ）取引先のマイナス要因

自社からはあえて話題にせず、交渉では目立たせないようにします。取引先が価格低減のマイナス要因として前面に出してきた場合の対応を考えておき

ます。

　例）労務費や材料のコスト上昇

　下請法の対象となる取引先が、労務費や材料などのコスト上昇を価格へ反映させることを要請してきた場合は、十分協議して対応することが求められます。例えば、コスト上昇を取引先の企業努力で吸収することを強要して、価格への反映を一方的に拒否した場合は、法令違反になる可能性があります。

③　マトリクス分析による交渉戦略の策定

　自社と取引先それぞれのプラス要因・マイナス要因をもとに、価格交渉戦略を策定します。このためのフォーマットを、図表２－14に示します。

図表２－14　自社と取引先の価格交渉戦略策定フォーマット

	【自社】 価格低減を引き出す プラス要因とマイナス要因	【取引先】 価格低減が湧き出る プラス要因とマイナス要因
外部 要因		
内部 要因		

備考）
　外部要因：その会社では（もしくはその会社単独では）コントロールできない要因で、政治、経済、社会、取引先の方針など
　内部要因：その会社でコントロールできる要因で、その会社の人材、生産システム、情報システム、営業力、調達・購買力、技術力、製品、売上、利益など

　取引先ごとに外部環境、取引状況が異なりますので、その特性に沿った交渉が必要です。ワンパターンの交渉では、それぞれの取引先の関心に訴求ができず、交渉は成功しません。自社の取引への注目を引き、値下げ協力を引き出し、その協力がその取引先にとっても利益になることを理解してもらうことが必要です。また、取引先のプラス要因を強め、マイナス要因を補強する策を一緒に見つけることも交渉の効果を高めます。

(5) 交渉準備

　目標が決まって、それを達成するための戦略を策定したら、いよいよ取引先との交渉になります。情報収集、資料の準備など、交渉には十分な準備をして臨む

ことが必要です。交渉準備は、以下の手順で行います。
- ・戦略の確認
- ・目標設定リストによる事実把握（購入金額など）
- ・交渉の場所と日時を設定、メンバー選定
- ・プレゼンテーション資料の作成
- ・質問事項・要求事項のリストアップ
- ・要求を下回る回答への対応準備
- ・回答受付を拒否する場合と受け取り自社で検討する場合の基準を設定
  例）４％の値下げ要求で、自社の実質的目標が２％の場合、２％値下げ回答が拒否と検討の分岐点となる。

（6）交渉

交渉は基本的には、面談で行うべきです。自社の意思を言葉や表情で表現できて真剣さが伝わり、取引先の反応もわかりやすいからです。しかし、交渉する取引先がたくさんある場合などは、効率性の観点から、取引先をある基準で分類して、手紙や電話などで行う場合もあります。電話の場合は、伝え漏れがないように事前準備をし、合意した事項やフォローアップ事項などは必ず書面に残して取引先に送り、誤解を避けるようにしておきます。経済性優先取引先に分類されている取引先とは、面談を中心とした交渉を行うことが必要です。

① 方針・心構え

交渉にあたっての基本的な方針と心構えは、次の通りです。
- ・合意までのシナリオを考えておき、進展に応じて変更する。
- ・原則として、初回要求は大きくする。
- ・はじめは担当者が交渉し、交渉が難航した場合、順次、上位職者を巻き込む。
- ・相手の欲しているものを探る。
- ・友好的な雰囲気をつくる。
- ・自己の専門性や知識をそれとなくアピールする（安易に対応できない相手であるとの印象を与える）。

② 交渉の場で注意すべきこと

また、交渉の場では、次の点に注意してください。

- ・自信を持って説明する。値引きを要求する勇気を持ち、ネガティブな反応があってもひるまない。
- ・特に初回の交渉では、できない理由を聞くのではなく、どのようにすればこちらの要望を満たすことができるのかを聞く。
- ・質問することにより、相手側の事実や希望を理解する。
- ・要求を満たせない障害をどうすれば取り除けるのか考える。
- ・取引先の決定者は誰なのか探る。
- ・取引先に値下げの余裕がないと判断した場合は、取引先の利益を下げない方法を見つける（梱包・運送費を見直すなど）。

(7) 合意

価格交渉につき、最終合意に達した場合には、書面で新価格とその適用時期（発注ベースか納入ベースか）を明確にします。最終合意が困難な場合は、交渉はいったん打ち切り、次善の価格での仮合意を目指します。また、最終合意が困難だった背景・理由を明確にし、次のような策を取ります。

- ・当年度後半、あるいは次年度向けの再交渉
- ・交渉以外のコスト低減策の検討
- ・取引先の見直し

新価格の適用範囲に関しては、取引先が下請法の対象会社である場合は、法令違反にならないように配慮することが必要です。例えば、引き下げた新単価を、発注済みのものまでに適用することは、法令違反となる可能性があります。「〇年後までに製品コスト〇％減」という自社の目標を達成するために、十分な協議をせずに一方的に単価を定めることも法令違反となります。

(8) 振り返り

今回の回答や相手の反応を振り返って、次回の交渉の場でのシナリオを考えます。そのために、良かったこと、悪かったこと（改善必要点）を記録しておき、購買交渉技法のノウハウを蓄積します。

(9) 値上げ要請等への対応

最後に、取引先から値上げの要請があった場合の対応について、下請法上の留意点も含めて述べます。

原材料などの価格上昇を理由に取引先から値上げ要求があった場合、取引先に

値上げ分の算出根拠とコスト上昇を抑制するために実行した対策を示してもらいます。また、自社の方でも市場での価格動向、計算の妥当性などを査定することが必要です。妥当性の査定を行い、新しい価格が決まったら、値上げの理由や新価格の算出根拠を説明する書類を、取引先責任者の署名を得た上で提出してもらいます。原材料の価格上昇など、今回値上げの理由とされていたことがなくなった場合、価格を元に戻してもらうための根拠になります。

値上げ要請を納得できる範囲に収めるのが調達・購買部門の任務ですが、取引先が下請法の対象事業者の場合は、力づくで値上げを抑え込むのはコンプライアンスの観点から避けなければなりません。例えば、原材料価格の上昇による値上げ見積りが提出されているにもかかわらず、十分な協議に基づく合意をしていないのに、値上げ額が新規見積りより少ない価格で発注すると「買い叩き」とみなされます。また、その原材料の価格が下がったからといって、事前に順当な取決め、合意を行わずに一方的に調達・購買価格を引き下げるのも法令違反となります。また、次のような場合に、下請法の対象となる取引先が単価の引上げを要請しているにもかかわらず、通常の対価を下回る単価を一方的に定めた場合も法令違反となる可能性があります。

・自社の短納期発注により、取引先のコストが増加した場合
・量産が終了して補修品のみの発注となり、発注数量が大幅に減少した場合

2.8　価格決定・変更などでの下請法上の留意点

下請法は平成28年12月、運用の強化に向けて改正されました。詳細は、第10章をご覧ください。今後、法令の改正が行われることも考えられます。公正取引委員会のホームページにアクセスして最新の法令を理解し、法務の専門家の助言を受けて対応するようにしましょう。

3. 駆動三要因を発揮・強化するためのアドバイス

コストについての活動は経営層も関心が高く、他の部門も調達・購買部門のコスト低減活動に大きな関心を持っています。このコスト低減活動は、調達・購買パーソンに対し、顧客志向、調達・購買部門の存在感、自らの人材価値の発揮と

強化に関して、さまざまな機会を与えてくれます。

3.1 顧客志向

　顧客が希望する販売価格を実現するための材料費を把握して、顧客（市場）が活動の始点であることを意識することが必要です。調達・購買部門がコスト低減を実現させれば、自社製品の価格は下がり、価格競争力を高めることになります。一方、買い叩きで無理やり取引先からの調達価格を下げると、納期や品質面での問題を起こし、自社の評価にマイナスの影響が出る可能性があることも理解しておくことが必要です。

3.2 調達・購買部門の存在感

　さまざまなコスト低減活動を通じ、調達・購買部門は仲介役、リーダー役、また単独で専門性を発揮し、存在感を示すことができます。

　自社図面の加工品では、豊富な製造工程知識などを基盤に、取引先の知恵と調達・購買部門のアイディアを活用してコスト低減を実現し、自社の開発・設計部門、生産技術部門、製造部門、品質部門などの仲介役を果たし、付加価値のある活動をしていることをアピールできます。

　取引先や社内の開発・設計部門などが参加するVEアイディア会議では、社内部門と取引先の関心事や思考パターンを熟知し、両者の強みが活かされるようモチベーションを持たせながら、リーダーシップを取ることで、両者から感謝され、存在感を示すことができます。ここで大切なことは、両者の関心事とプライドを尊重しながら、リーダーシップを取ることです。調達・購買部門の目的や関心事だけを前面に出していては信頼されません。

　また、見積りの妥当性チェックや価格の交渉では、財務数値の理解と活用能力、交渉スキルを他部門へアピールし、専門性の高さを印象付けることができます。

3.3 自らの人材価値

　コスト低減を実現させるには、専門的なスキルや知識が必要です。さまざまな機会を通じで、スキル・知識を向上させる継続的な努力が不可欠です。

　現在では交渉は科学であると考えられており、経験だけが交渉力のよりどころ

ではありません。また、押しの強い性格である必要もありません。交渉についての専門書などを読み、より合理的な交渉ができるように交渉スキルを磨けばいいのです。また、取引先の財務諸表の数値と見積書上の数値との関係を十分理解して、財務数値を実務で活用できるスキルを身につけましょう。

　自社図面の部品・製品の場合、コスト低減の機会を探すには、その製造工程を熟知することが有効です。金属加工、プラスチック加工、組立加工などの製造工程に関する知識を自ら学び、取引先での現場で体験学習をし、実務的スキルを向上させましょう。

◎事例紹介
　調達・購買部門がイニシアティブを取り、VEやティアダウンによるコスト低減を実現させた事例を紹介します。

　A社は、オーデオ・ビデオ製品、産業用機器をはじめとした多種のエレクトロニクス製品を開発製造しています。開発・設計部門の力が強く、新製品の主要部材の選定は、ほとんどこの開発・設計部門が単独で行っていました。
　この数年間、市場での価格競争が激化し、A社もコスト低減に迫られて、開発・設計部門を中心に設計変更をはじめとしたVE活動でコスト低減を実施してきました。調達・購買部門も、価格交渉だけでなく、VE活動によりコスト低減に貢献したいと考え、両部門が連携して行うVE活動を開発・設計部門に提案しましたが、開発・設計部門からは前向きな反応はありませんでした。開発・設計部門では、VE活動は自分たちで十分行っているという思いが強かったのが理由とも考えられます。
　そこで、調達・購買部門は、開発・設計部門とのVEでの連携は後回しにして、取引先のノウハウ・技術を活用したVE活動を実行しました。競合品を参考にして、ティアダウンを含めた活動を行い、多数の取引先から数多くのコスト低減提案を受け取りました。その効果は大きく、経営層もその活動を支持したため、この活動に開発・設計部門も参加して、さらに大きなコスト低減効果を出すための全社的な活動になりました。
　全社的活動を通じて、調達・購買部門と開発・設計部門の連携が本格的に始ま

り、新製品の選定には、調達・購買部門の意見も取り入れられるようになりました。開発・設計部門には意欲は高く、モチベーションや能力が高い社員が多かったのですが、他部門や取引先を活用するという視点が不足していたのが、連携に前向きになれない理由でした。

調達・購買部門のリーダーも、開発・設計部門との良好な人間関係の構築を目指していたため、コミュニケーションには十分な配慮をして、開発・設計部門を非難するようなことはせず、開発エンジニアのプライドも尊重して対応しました。そのため、お互いを尊重し合う良好な人間関係を基盤とした連携活動がされるようになりました。全社にとって価値のある副産物も得られたといえるでしょう。

このような活動の後に、調達・購買部門内で振り返りの打ち合わせが開かれ、次のような意見が出ました。

［良かった点］
・調達・購買部門の主導で、かなりのコスト低減を達成し、経営層からも評価を受けたこと。
・この活動を契機として、調達・購買部門との共同活動に積極的ではなかった開発・設計部門と連携を強める機運をつくれたこと。

［今後の課題］
・取引先を巻き込んだVE討議では、体系的な質問をして取引先からのアイディアを引き出せるバイヤーがいた一方、ミーティングの設定や議事録作成という付加価値があまり高くない業務しかしないバイヤーもいた。全体のレベルを上げるために手法などを体系化して、組織全体で共有する仕組みが必要である。
・調達・購買部門でノウハウを蓄積して、開発・設計のエンジニアにも一目置かれ、取引先からのアイディアも積極的に引き出せる組織を目指すべきである。調達・購買部門も開発・設計部門にはないノウハウやスキルを発揮しないと、開発・設計部門から対等な連携相手とみなされなくなってしまう。取引先のノウハウ・技術を取り込む活動に調達・購買部門がどのように貢献すべきかを明確にして、知識・スキルの向上を図るべきである。

図表2-15 取引先からのVE提案書（例）

VE 提案書

整理番号	
受付年月日	
受領者名	

提案お取引先様	御社名	提案者お名前・所属部門	提案年月日

図番・部材番号：	部材名：	
＜現行方式＞ VE提案・箇所・背景等	＜VE提案＞ VE提案後の形状等	
現行	VE改善後	
材料費		
加工費		
その他		
合計		
治工具・型代		
VE改善費用（部材単位あたり）：		
変更上の技術課題と検討方法	課題検討コメント・実行スケジュール	

自社責任者	氏名		お取引先様 責任者	お名前	
	部門			部門	
	年月日			年月日	

判定 （採用・不採用）	判定者氏名・印・年月日	承認者氏名・印・年月日
判定者コメント		

調達・購買部門の確認	確認者氏名・印・年月日	承認者氏名・印・年月日

第3章　納期管理

1. 本章の位置付けと趣旨

　本書の中でのこの章の位置付けは、序章「本書の概要」の13頁にある図表序－1に示した通りです。

　調達・購買の納期管理とは、広義には、必要な時に必要な数量だけの納入を実現することです。しかし、この章では納期遅れに焦点を当てて、納期遅れがもたらす損害、原因、納期遅れの回避対策などについて述べます。

　納期遅れは、顧客の信頼低下、売上・利益の目標未達成、作業員の手空きによる製造経費の増加、遅れを取り戻すための諸活動による経費の増加などの損害をもたらします。これらの他に、調達・購買の活動にとっての最大の損害は、新規取引先の開拓、取引先からの新技術の取込み、コスト低減などの付加価値の高い業務に活用できる時間が少なくなることです。

　納期遅れが発生すると、取引先との電話、メール、面談、時には取引先工場へ行っての部材確保、生産をはじめとした社内の各部門の調整など、非常に労力がかかる業務が伴います。そのため、遅れ挽回の納期管理が調達・購買の主たる任務であるかのような、歪んだ業務文化が定着してしまいかねません。

　この章では、納期遅れの原因を考察し、納期遅れの回避策や発生時の対応などについて説明します。

2. 納期遅れの原因が発生する場所と納期遅れ防止の具体策

2.1　納期遅れの原因が発生する場所

　調達・購入部材の納期遅れの原因が発生する場所は、図表3－1の左の円内に示す通り、自社、取引先、調達・購買環境の3つです。原因の特定と対策を考察、検討するには、この3つを矢印の右側の楕円のように拡大して、自社の顧客から二次取引先と、企業間の関係性に分けて検討することが有効です。

図表3－1　納期遅れの原因が発生する場所・関係性

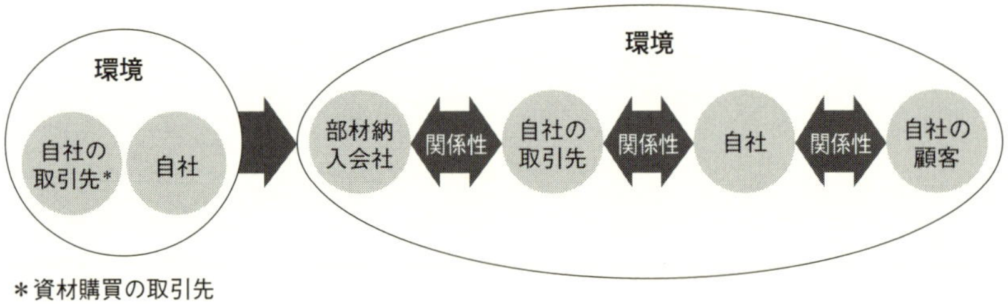

＊資材購買の取引先

2.2　納期遅れの原因

それぞれの場所・関係性での納期遅れの原因は、図表3－2の通りです。図表3－1の右側の楕円内にある「自社の顧客」から左側へ向け、それぞれの場所・関係性ごとにあげています。

図表3－2　納期遅れの主な原因

自社の顧客	顧客からの内示数量より大幅に多い実注文
自社と自社の顧客との関係性	営業と顧客キーパーソンの人間関係が確立していない、将来計画・内示など先行情報入手方法・システムの未整備
自社	設計業務：特殊な部材指定、作りにくい形状・仕様、頻繁な設計変更 営業情報：顧客からの発注予測情報不十分 取引先選定：不適切な調達・購買取引先選定 生産計画：生産計画の不備
自社と取引先との関係性	取引先にとり自社が非重要顧客である、取引先のキーパーソンとのコミュニケーションや人間関係が確立していない
取引先	受注量急増時の当社優先度が低い、火災などの災害、設備の故障、未熟練新規作業員による生産効率低下、品質歩留低下、資材納入遅れ
取引先と取引先への部材納入会社との関係性	部材納入会社にとり自社取引先が非重要顧客である、両者間のコミュニケーションや人間関係が確立していない
取引先への部材納入会社	納入部材が主要生産部材ではない、生産収束部材、新規立ち上がり部材で生産トラブル多発
環境	自社製品の市場での急激な需要増、関連部材需給逼迫、地震・洪水などの広域自然災害発生、天候不順

図表３－３　納期遅れ対策の場所・関係性の３分類

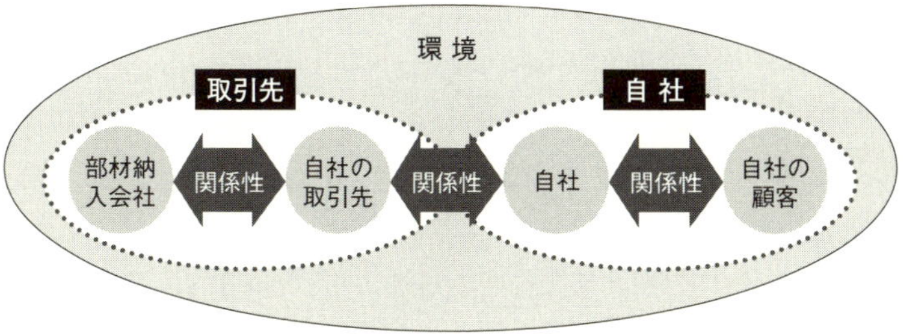

環境：取引先（部材納入会社─関係性─自社の取引先）─関係性─自社（自社─関係性─自社の顧客）

2.3　納期遅れを回避するための具体策

　ここでは、納期遅れの回避策をそれぞれの場所・関係性ごとに述べます。図表３－３に示した場所・関係性を、自社、取引先（調達・購買）、環境の３つに分類・整理して、具体的な回避策を述べます。いずれの場合も、具体策を実効性あるものにするために、調達・購買部門の担当者・マネジャーは単に関係会社・部門に原因解決を要求するだけではなく、イニシアティブを取って関係会社・部門などに解決に向けて能動的に働きかけ、深く関与することが必要です。

(1) 自社起因の納期遅れ回避策

① 顧客からの情報の早期入手

　量産を遅れなく開始するため、顧客の新製品の立ち上がり時期（試作品・量産時期など）に関する情報を早期に入手します。また、量産開始後も、顧客の納期要求を満たすための部材手配に配慮します。納期の長い部材は、顧客からの内示をもとに先行手配をかけ、顧客の内示の時期が不明確な場合も、自社のリスクで先行手配します。

② 自社の開発・設計段階での対策

（ア）自社設計の部品

　代替メーカーのない材料や取引の少額な材料の指定は回避します。また、製造が難しい構造設計を回避し、取引先からの設計変更提案を前向きに検討します。

（イ）取引先メーカーの標準部材

　生産量が縮小している部材の使用を回避します（このような部材は、納期が長期化して、最悪の場合は生産停止になることもあります）。調達・購買が可

能な取引先を複数社候補としてリストアップしておき、納期問題が発生した時の代替購入先と認識しておきます。また、調達・購買の量・金額が多い場合などは、2社購買などの複数購買も検討します。

(ウ) 設計・仕様の確定遅れへの対応

取引先に材料・治工具の手配など可能な準備を進めてもらうようにします。また、量産開始に間に合わせるために、調達・購買部門がイニシアティブを取り、開発・設計部門と取引先を含めたアクション計画を作成します。

③ 取引先への発注段階での対策

必要納期を明記した発注はもちろん、顧客からの内示を受け、最新の顧客受注情報とリンクした発注・内示の仕組みを構築します。また、生産計画の大幅変動への対応策として、納期の長い部品については、安全在庫を取引先と自社で保有するようにします。

④ 取引先との関係性マネジメント

(ア) 良好な関係構築

(ⅰ) 取引先が提言しやすい関係

自社から提示した図面・仕様に対して、取引先が納期遵守・品質維持の面から率直に変更提案ができる関係をつくっておくことも重要です。このような関係をつくるには、開発・設計部門の理解と協力が必要です。ただし、エンジニアが理解を示さないと、取引先も良い提案が出しにくくなります。調達・購買部門がイニシアティブを取り、開発・設計部門にも働きかけて、このような関係をつくらなければなりません。

(ⅱ) 良好な人間関係

短納期の受注や数量の急激な増加へ対して取引先の協力を得るには、日ごろから、営業担当者、上司、経営層、生産部門の関係者などと良い人間関係を築いておくことが必要です。問題がない時には、調達・購買部門のバイヤーは、取引先の営業担当者などにギブ（ギブ・アンド・テイクのギブ）することを意識したコミュニケーションをするのも1つの方法です。こちらからギブをしておけば、無理な納期依頼に対しても、できる限りのやりくりをしてくれる可能性が高くなるものです。

例えば、担当営業者には平常時から有益な情報を提供して、社内での立場が

有利になるように支援するようにします。また、無理な仕事を引き受けてくれた場合は、上司にも関与してもらい、必ず感謝の意を表現します。特に、取引金額が少なく、自社を重要顧客として位置付けていないような取引先や、納期遅れのリスクが高い部材の取引先担当者とは、このコミュニケーションを意識して実行する必要があります。また、取引先の営業担当者だけでなく、その上司や生産部門の責任者に直接連絡を取って依頼ができるような人間関係を築いておくことも大切です。

(イ) 要注意取引先の重点管理

次のような取引先は重点管理の対象とし、納期遅れの回避に気を配りましょう。

（ⅰ）管理レベルが低い取引先

規模の小さな取引先では、生産能力以上の受注や技術的に対応できない仕様の受注などに対し、管理面での問題で納期遅れが発生する場合もあります。必要に応じ、自社の生産管理・生産技術部門などと協力し、先行管理などこまめなフォローを実施するようにします。改善が不可能な場合は、取引先の変更も考慮すべきです。

（ⅱ）少額取引先

こうした取引先の自社への生産・納期優先度は低く、無理な要求には対応してくれないと考えた方がいいでしょう。安全在庫を保持し、中期的には他の取引先へ変更したり、新製品の発注先候補から除外したりするようにします。

(2) 取引先起因の納期遅れ回避策

納期遅れの原因が取引先にある場合、自社は直接管理できないため、その原因である設備の故障、未熟練作業員による生産効率低下、品質歩留低下、資材納入遅れなどが発生しないように、取引先に体制の管理改善と実施進展の検証を求めることになります。

① 品質問題が原因の納期遅れ回避策

次の取組みの進展をチェックし、助言・指導を実施します。
・新規取引先評価で指摘した課題への取組み
・品質対策で指摘した課題への取組み

② 生産管理・作業管理・工程管理・人的原因等での納期遅れ回避策

次の取組みの進展をチェックし、助言・指導を実施します。
・新規取引先評価で指摘した課題への取組み
・納期対策で指摘した課題への取組み

①、②に関しては、指摘事項への改善が見られない場合は、その部材の取引先を変更することも考慮すべきです。

③ 直接取引先と２次取引先の関係性が原因の納期遅れ回避策

直接取引先と２次取引先との関係が不十分な場合は、自社も関与して関係改善を図ることも必要です。

(3) 指定納期を遵守させるためのフォロー

これらの回避策を講じても、納期の遅延が発生する可能性はあります。すべての発注案件に、追加対策を取ることは現実的には不可能ですが、納期遅れの発生をさらに回避するきめ細かい方法としては、次のようなものがあります。
・定期打ち合わせで、発注済み案件の納入日を確認し、遅れ要因を早期に発見する。
・一定期間前（例：１ヵ月前）に納期確認のためのリストを送り回答を得る。
・納期確認の専任者を任命する。

(4) 調達・購買環境起因の納期遅れの回避策

急激な需要増、関連部材の需給逼迫、地震・洪水などの広域自然災害発生、天候不順などの調達・購買環境変化は、自社も取引先も直接コントロールができません。リスクマネジメントにより、納期遅れの影響を可能な限り小さくする対応が必要です。第８章の説明を参考に、対策を取るようにします。

2.4　納期遅れ予知時や発生時の具体的対応

何らかの理由で、取引先からの部材の納期遅れが明確となった場合は、次の対応が必要です。

(1) 自社の顧客への納期遅れ回避策の設定

営業、生産管理などの部門との打ち合わせで、顧客からの需要数量・日程をもとに、現状の自社完成品在庫、仕掛品在庫、当該部材在庫などを調べ、遅くとも３日までには〇個を納入するという目標を設定します。状況によっては、営業を

通じて顧客に遅延納期で対応してもらうように交渉することも必要です。この目標を実現するのは、「引く力」と「押す力」です。

(2) 回避策を実現する力
① 引く力
「引く力」とは、調達・購買部門の担当者の気概と行動力です。電話やメールですぐ解決できればいいのですが、原因の根が深いと考えられたら、取引先の生産現場を訪問するなど、すぐ行動を取ることです。上司への報告と巻き込み、取引先の担当者の上位職者の巻き込みなど、あらゆる力を活用して解決を図ります。また、部材がメーカーの標準品である場合は、商社などの代替ルートから入手したり、代替品を入手したりします。これが、担当者の「引く力」です。

② 押す力
これは取引先の協力度です。解決力とは、「引く力 × 押す力」です。いくら調達・購買部門担当者の「引く力」が強くても、「押す力」（取引先の協力度）がゼロでは、解決力はゼロになってしまいます。この押す力は、取引先にとっての自社の重要度にもよりますが、前述した「取引先との良好な関係構築」ができているかどうかも大きく作用します。取引先の営業担当者、その上司、工場（生産部門）の関係者などの理解と協力が解決の力になるのです。

3. 駆動三要因を発揮・強化するためのアドバイス

調達・購買部材の納期遅れは、製品の生産・納期遅れにつながり、顧客の販売活動にも悪い影響が出ます。部材の納期遅れ回避活動や納期発生時の緊急対応策、挽回策などは社内の各部門への働きかけを伴うため、調達・購買部門の存在感を印象付ける機会となります。また、納期を考察する時には、取引先の生産工程をはじめ、サプライチェーンの中で納期を決定する要素の理解が必要で、自社製品のライフサイクルの視点も欠かせません。常に顧客志向を心がけ、活動を通じて存在感を高め、幅広い知識を習得しましょう。

3.1 顧客志向
調達・購買部材の納期遵守の意味を顧客の立場から認識し、顧客の市場での需

要動向に留意し、自社や調達・購買部門を取り巻く市場の需給環境を顧客視点で捉えるようにしましょう。また、営業部門とのコミュニケーションを高め、自社顧客の需要動向を左右する外部環境などを理解し、受注数量と関連がある先行情報を把握するようにしましょう。

3.2 調達・購買部門の存在感
(1) イニシアティブ
　開発・設計部門、営業部門、生産部門などに、「2. 納期遅れの原因が発生する場所と納期遅れ防止の具体策」で述べた事項を理解してもらい、納期管理のイニシアティブを取りましょう。また、他部門に納期遅れの要因や回避対策を説明するなど、調達・購買部門のプロフェッショナリズムを見せ、存在感を高めるようにします。

(2) アピール
　あらゆる場面で納期を意識して、生産部門、品質部門、営業部門にアピールする方法を考えておきましょう。例えば、生産部門へのアピールでは、納期遅延問題解決・防止策が中心となります。ライン生産を止めないことを念頭に連携しましょう。問題が発生したら、生産計画部門などを巻き込んで、ギリギリの納期を算出して取引先と交渉します。部分納入の提案など、現実的な対応のアイディアも日ごろから考えておきましょう。

3.3 自らの人材価値
　納期遅れがあると、調達・購買部門の責任が問われます。そうしたことにならないよう、納期遅れ回避と対応のスキルを、さまざまな視点から強化しておく必要があります。
　まずは、実際に業務で取り扱っている特定の調達・購買部材やユニットについてサプライチェーンを描き、納期を決めている要因、納期遅れのリスクの所在などを具体的に考えてみましょう。最初は構造が単純な部材で考え、次にいくつもの部材から成り立っている部品やユニットで考えるようにします。
　また、サプライチェーンで納期を決定付けている最大の要因は、取引先の製造工程です。その製造工程の中で、工期はどのような要素から構成されているのか

理解しましょう。工程管理、IE、作業管理などの生産に関する知識を深め、納期問題を体系的に考察するスキルを養ってください。

◎事例紹介

指定した材料の需給が逼迫する中、取引先と２次取引先の関係が疎遠である上、生産が縮小して納期柔軟性が低い部材を指定していたという複合した原因で納期遅れが発生した事例を紹介します。

機械製造業Ａ社は、樹脂材料の加工品をＢ社から購入していました。加工品はＡ社の設計によるもので、Ｂ社が樹脂材料の材料Ｘを加工していました。

Ｘは、ある加工特性を実現するためにＡ社の設計部門が指定した材料で、大手樹脂材料メーカーＣ社で製造しているものでしたが、Ｂ社が通常取引のあった３つの商社は、どこも扱っていないものでした。そこで、取扱いをしている新規の商社ＤをＡ社から紹介され、Ａ社とＢ社は取引を開始することになりました。

ある年に樹脂材料Ｘの需給が逼迫し、Ｂ社からの加工品の納期遅れが頻発する事態が発生しました。しばらくは、Ｂ社の経営者が商社Ｄと交渉してＸを確保していましたが、ある時点からすべての策が尽きて、このままでは１ヵ月の納期遅れになる事態になってしまいました。

この緊急事態へ対処するため、Ａ社は調達・購買部門をリーダー部門として、次のような対策を取りました。

［短期緊急対応］

Ａ社の調達・購買部門マネジャーが、商社ＤとＣ社を訪問して、Ｂ社への納期の繰上げを強く依頼しました。上層部を巻き込んだ交渉が実り、納期を繰り上げることができ、Ａ社の顧客への納期遅れの事態は回避できました。

［中期的な対応］

指定された部材の構造的不足が当面継続すると判断したＡ社の調達・購買部門は、設計部門、品質部門、営業部門などと協議し、樹脂材料の種類・メーカーを構造的に不足していないもの（樹脂材料メーカー業界全体で生産量が今後増加する材料）へ変更する検討を開始し、Ｂ社も巻き込んだ数ヵ月間にわたる検証を実施して、材料の変更を実現しました。この変更はＡ社の最終製品の仕様への影響

はなかったため、A社の顧客からの認証も早期に得ることができました。この材料はB社の通常の取引先商社からも容易に入手できるもので、樹脂材料の逼迫が続く状況でも、それ以降大きな納期問題は発生していません。

　A社の調達・購買部門の迅速な対応で、最悪の事態は逃れることができましたが、設計段階でB社と加工性・材料入手性などを協議して仕様を決定していれば、避けられた納期問題でした。

第4章 品質マネジメント

1．本章の位置付けと趣旨

　本書の中でのこの章の位置付けは、序章「本書の概要」の13頁にある**図表序－1**に示した通りです。

　調達・購買部材の品質マネジメントは、調達・購買活動のQCD要素管理の1つであり、品質の専門家が実行する品質管理や品質保証ではありません。調達・購買部門が自社の品質部門などと連携し、取引先の協力を得たり、取引先を指導したりしながら、さまざまな手法を活用して調達・購買部材の品質を改善し維持することです。

　調達・購買部材の品質マネジメントの最終的な目的は、顧客が自社製品に対して要求する品質を満たすことです。調達・購買担当者・マネジャーは、品質保証・管理についての基本的な知識を習得して、社内の専門家と協力し、品質の改善・維持のために取引先へ積極的に働きかけていくことが求められます。そのためには、取引先の品質保証体制などの現状を把握し、取引先の品質改善活動を支援・評価し、取引先とともに品質改善を進めていくことが必要です。

2．調達・購買部材の品質マネジメントの方法

　ここでは、取引先の品質マネジメント・保証体制などを評価する方法、現状認識をもとに取引先での品質改善活動を支援する方法を紹介します。

2.1　新規取引先に対する品質マネジメント

　新規取引先開拓に対し、取引先候補の品質管理体制などを評価して改善を要求するとともに、協力して品質改善活動を行います。品質の専門家（調達・購買部門の品質関連チームや自社の品質部門）と協力して進めます。

（1）品質管理・保証体制の評価

　新規取引先の開拓活動において、候補会社の品質体制を評価し、体制上の改善必要事項を把握します。候補会社の品質体制は、候補会社の関係者への面談を通じて評価します（第5章の図表5－1参照）。

　また、そのほかの「経営」、「コストダウン」、「納期」などの評価を含めて、自社の取引先として適切と判断された場合、さらに品質システムの監査を行います。

（2）品質システム監査

　この監査は、次のようなカテゴリーからの詳細な質問によって行います。まず自己評価をしてもらい、その後、調達・購買部門の担当者・マネジャー、品質の専門家などからなるチームで新規取引先を訪問して、書類や現場を見ながら次のような項目を監査評価します。

①**全般事項**：品質方針、顧客への不具合対応・記録、工程変更、品質内部監査、ISO認証、教育訓練など
②**基本管理**：検査項目の文書化、不良品の識別、計測器管理など
③**購入材料管理**：受入検査、検査基準と記録、異常対処、有効期限管理など
④**材料購入先管理**：選定手続き、品質指導、工程変更管理など
⑤**設備、機械、治工具**：定期的保守管理と手順書、消耗品の管理規程、予備部品の在庫保有など
⑥**工程管理**：品質文書の最新化、検査基準書、重要特性の管理、工程の作業環境、最終検査など
⑦**検査**：日常点検、限度見本、新規立ち上げでの振り返り、QC工程図など

（3）監査結果の取扱い

　この監査結果が適正水準にある場合は、新規取引先として積極的に話を進める方向で調整しますが、適正水準にないと判断された場合でも、新規取引先として不適切と断定するのではなく、品質改善の課題解決を条件として話を進めるのがいいでしょう。

　経営、納期、コストを含めた複眼的な評価で適切と判断された場合、品質という一面だけで、その決定を取り消すのは適切ではありません。具体的には、新規取引先として仮決定し、品質体制の監査で不十分と評価された項目について、一

定の期間（例：1年間）の改善計画を提出してもらい、その期間後に再度監査をして最終決定するといいでしょう。

（4）改善要求と改善活動
　品質体制評価と品質体制の監査の結果をもとに、新規取引先に改善計画を提出してもらい、改善活動を支援し、一定期間の後に改善計画の結果を評価します。

（5）基本契約で品質基準等を明確化
　調達・購買の基本契約を締結し、取引先の品質保証上の義務事項や不良が発見された場合の補償義務を明確にします。保証の具体的品質基準は、次に述べる品質マネジメント基準書で詳細に定めます。

（6）品質管理基準や品質に関する手続説明書
　具体的な品質管理基準や品質に関する手続きを契約書に定め、新規取引先に自社の品質保証に関する基本的な考え方や要求を理解してもらった上で、部材の供給を受けるようにします。

2.2　品質目標・品質年度計画の策定と実行

（1）品質目標の設定と品質改善活動計画策定
　当期の品質目標を設定し、目標を達成するための品質改善活動計画を策定します。既存取引先については、前期の品質結果（数値）をもとに策定しますが、必要に応じて、取引開始時に品質保証体制評価・監査で判明した課題への継続的な取組み、前期に発生した品質問題への対策を盛り込みます。新規取引先については、納入部材の品質の数値上の目標や品質保証体制評価・監査の結果で判明した課題への取組みが中心となります。

　計画策定に際しては、自社の専門家（調達・購買部門の品質チームや品質部門の専門家）を交え、新規取引先と既存取引先それぞれと協議します。

（2）活動の進展報告
　取引先には、定例会議などで、品質改善活動の進展報告をしてもらいます。自社としての取引先の位置付け、取引先の品質体制、計画の進展などの状況に応じて、調達・購買部門担当者・マネジャーは自社の品質の専門家と連携して、その取引先へ必要な支援を行います。契約書に品質管理基準や品質に関する手続きが明示してあれば、その遵守状況を検討します。

(3) 評価

年度末に、数値目標の達成状況・結果ならびに課題への取組みの報告を受け、成果を評価します。

(4) 表彰

評価の結果が優秀な取引先は、取引先総会などで表彰します。

2.3 取引先の品質改善活動への支援

(1) 支援対象取引先の選定

取引先の品質管理・保証体制のレベルに応じて、積極的な支援を実施します。品質管理・保証体制が優れていて納入品質の実績も高い取引先については、定例会での納入部材の品質実績報告や活動の進展報告で十分ですが、品質管理・保証体制が脆弱だったり、品質実績に問題があったりする取引先へは踏み込んだ支援が必要です。

(2) 支援対象項目・内容の明確化

自社の品質専門家と打ち合わせて、取引先ごとの実情を理解して支援内容を検討し、取引先とも協議の上、具体的な支援活動の計画を作成し、実行します。体制評価や監査の結果、当年度目標の達成度などから、支援する課題を明確にします。現状のチェックシートを作成して、取組課題を絞り込みます。

(3) 支援姿勢の基本

支援は、押しつけ指導ではなく、取引先も納得し具体的に利点を認識できるように行います。「品質を一緒につくる」という姿勢で臨み、上から目線の指導は避けるべきです。

2.4 調達・購買部材に関連する不具合の発見場所と対応

(1) 顧客・市場での不具合発見への対応

調達・購買部材の不具合が見つかる場所は、自社の受入検査、工程、出荷検査、顧客（受入検査・工程・出荷検査）、市場などがあります（自社の製品が市場で直接販売される製品であれば、顧客＝市場とみなしていいでしょう）。

自社の出荷検査までに見つけた不具合であれば、顧客・市場に出される前に食い止められるので、自社製品のイメージへの悪影響は避けられます。しかし、顧

客・市場で見つかった不具合には、特に迅速な対応が必要です。これが調達・購買部材に起因するものであれば、調達・購買部門がイニシアティブを取り、自社の品質の専門家はもちろん、取引先の関係者も巻き込んだ総合的で迅速な処置を取らなければなりません。

具体的には、不具合の詳細把握、部材のロット番号などによる取引先の製造時期との関連の把握、根本原因の追究と再発防止策の策定などを、抜かりなく細心に実施することが肝心です。

(2) 自社起因の不具合の排除

調達・購買部材の不具合は、自社に起因する場合もあります。例えば、取引先の製造工程での作業を考慮しない作りにくい形状や仕様が要因となる場合です。このような原因は、図面や仕様を自社から取引先に提示する過程で除去しておかなければなりません。調達・購買担当者・マネジャーは、取引先から率直な意見や変更提案を出してもらえるような関係づくりをすることが必要です。

取引先によっては、できないと言うと仕事が減るのではないかと懸念し、作りにくい形状や仕様であっても、変更の提案をしないこともあり得ます。取引先のこのような懸念を排除し、率直で建設的な提案をしてもらう関係を築くことは、調達・購買担当者・マネジャーの任務の1つです。

3. 品質マネジメントの実行ツール

図表4－1に、取引先品質マネジメント表を示します。取引先の品質体制評価、品質システム監査の結果と改善計画、年度ごとの品質目標や不具合対応などを担当者・マネジャーの立場から記録しておくものです。

品質部門などがすでに類似のものを作成していれば、その写しを調達・購買部門でも保管するといいと思います。取引先の基本会社情報と一緒にファイルし、その取引先に関する情報の一部として取り扱います。

このツールを、業界特性や取扱部材などによりアレンジして活用してください。特に調達・購買部門に品質チームがなく、会社の品質部門と連携する場合は、担当者・マネジャーが現状を正しく認識し、イニシアティブを取ることが必要です。

図表4－1　取引先品質マネジメント表（例）

社名　：				
記入最新日　：　　年　　月　　日　　記入者				
（前回記入日　：　　年　　月　　日　　記入者　　　　）				

品質体制評価	実施日：	結果および改善計画添付
品質システム監査	実施日：	結果および改善計画添付

年度別品質計画と活動

	20AA 年度	20BB 年度	20CC 年度	20DD 年度
品質目標				
品質結果				
不具合内容と対応				
自社からの支援				
その他（明細添付）				
表彰				
備考				

4．駆動三要因を発揮・強化するためのアドバイス

　調達・購買部材の品質管理は、市場での最終顧客が持つ自社製品への信頼、ひいては自社への信頼感を決める要因の1つです。そのため、調達・購買部門も最終顧客を意識して、取引先への品質要求を継続的に行わなければなりません。このような品質第一の信念とそれを実現するためのイニシアティブが、品質部門をはじめとした他部門の調達・購買部門に対する信頼感を醸造し、存在意義を高めることになるのです。

4.1 顧客志向

　調達・購買部材の品質マネジメントでは、顧客に対する自社製品の品質作り込み活動の一部であることを意識して、常に自社製品の（最終）顧客の立場から見た品質を意識して活動するようにします。例えば、部材の不具合率はppmや％単位で管理されますが、最終顧客にとっては購入した製品に不具合があるか否か、すなわち、ゼロか100％であることを意識し、調達・購買部材の不具合ゼロを目指した活動を行うようにします。

　また、営業部門や品質部門と連携し、主要顧客の品質への要求について理解しましょう。顧客の業界により、品質への意識や管理項目には違いがあります。

4.2 調達・購買部門の存在感

　品質マネジメントに関する他部門との協力・連携活動の中では、特に品質部門や経営層を意識します。担当者・マネジャーとしてアピールするポイントは、品質管理や品質保証の詳細知識・スキルではありません。これを専門家にアピールしようとしても、アマチュアが付け焼刃で身につけた知識程度にしか思われないでしょう。

　担当者・マネジャーとしてのアピールポイントは、取引先の現状理解をもとにした品質改善活動に、イニシアティブを発揮して取り組むことです。また、調達・購買部門の中期計画や年度計画に品質目標を含め、オフィスに目標値と達成状況を示すグラフを掲げるなどして、品質への関心と取引先に対するイニシアティブをアピールします。

4.3 自らの人材価値

　取引先の品質管理・保証体制や仕組みについて確固たる考えを持つことが、担当者・マネジャーの人材価値を高めます。

　取引先の品質管理や品質保証を進める上で欠かせないのは、経営者の考えに基づく品質部門組織の位置付け、経営者の品質問題への関与、全社をあげた品質教育と取組みなど、体制面の整備です。そして、仕組みの面では、工程での品質作込み、不具合防止の一環としての変化点管理、不具合発生時の対策に不可欠なトレーサビリティ、そして品質問題の再発防止対策が必要になります。ただし、細

部に入りすぎて全体を見失わないようにすることも大切です。

　工程での品質維持の具体的工夫や不良を発見する検査の方法などについては、基本的な知識を持っておきます。また、品質の専門家と一緒に活動する時は、その考え方や取引先指導のポイント、背景にある知識なども学ぶようにします。

◎**事例紹介**

　取引を開始してから間もない取引先に対し、品質マネジメントを行った事例を紹介します。

　A社の取引先B社は、産業用機器に使われる部品を自社開発設計で製造しています。

　B社は、機械加工とともに精度の高い組立てを手動機械で行っていますが、A社が新製品に組み込む部品の有力な新規取引先候補として評価を行った結果、品質体制にいくつかの課題がありました。しかし、B社が製造する部品は、A社が今後の新製品開発戦略に不可欠なものだったので、調達・購買部門と品質部門が納入品質に配慮し、受入検査を厳重に実施するという対策を取り、B社からの部品調達・購買を決定しました。新規取引先候補としての品質体制評価・監査で、B社の課題として指摘された主な事項は、次の通りです。これらの指定事項に対して、B社から改善のための実行計画書を作成・提出してもらいました。

・経営者は品質に対する関心が高く、製造現場での3Sの徹底などを方針に掲げているが実現できていない。
・手動機械による組立ては、ベテラン作業者を中心に若手社員、派遣社員、パート作業者で行われていて、作業者の技能のバラツキが大きい。
・組立段階で手直しが発生している。

　納入開始後3ヵ月ほど経過したある日、部品の公差不良、部材の取違え組立てなどが受入検査で見つかりました。この事態を受けて、A社の調達・購買部門は品質部門の専門家とB社への品質改善の支援を行うことを決定しました。支援開始に先立って、A社の調達・購買部門は品質部門の専門家と打ち合わせをして、次のような役割分担をしました。

・調達・購買部門と品質部門で協力・連携して、改善のための実行計画書の実

効性を検証し、具体的進展をチェックする。
・調達・購買部門は、品質に関する経営者の方針徹底や組織対応をチェックする。
・品質部門は、製造工程での諸課題への対応をチェックする。

　これらのチェックに基づいて現状を認識し、あらためてＢ社と協議を行った結果、取引開始時の実行計画の再認識を含め、次のような改善課題への取組みが決定しました。
・経営者の品質への思いをもとにした具体的目標の文書化と全社員への周知
・経営者をトップにした品質改善の組織体制構築
・品質不良が見つかった場合の製造工程上流への迅速な連絡方法の確立
・ベテラン作業員を指導者とした技能教育の実施
・機械の保全員と工程作業者が協調した機械・設備保全体制の確立
・製造工程での検査の強化整備

　その後、これらについての進度報告会が行われ、Ｂ社の経営者、品質責任者、製造責任者とＡ社の調達・購買部門の担当者・マネジャー、品質部門の専門家が協調して、品質改善へ取り組んでいます。また、Ａ社のこうした支援は、Ｂ社からも感謝されています。

　結果的に、Ａ社では調達・購買部門のイニシアティブが品質部門に評価され、品質部門の専門家はＢ社へのアドバイスが適切であったと自己認識できています。したがって、取引先への品質マネジメントが効果的に行われた事例といえるでしょう。

第5章 取引先開拓・関係改善

1．本章の位置付けと趣旨

　本書の中でのこの章の位置付けは、序章「本書の概要」の13頁にある**図表序－1**に示した通りです。

　取引先開拓・関係改善は、調達・購買部門の付加価値向上実現の基盤となる活動です。取引先のノウハウや技術などを引き出すためにさまざまな資源を活用し、いろいろな手法を用いてQCDなどの目標達成を目指します。

　この章では、新規取引先候補の情報収集から取引開始に向けての評価と可否の決定までの流れを見た上で、既存取引先との関係改善をはじめとした諸活動の展開方法について述べていきます。

　適正な取引先から部材を購入するだけでなく、一般情報収集、技術の導入などを通じて目標とする品質、コスト、納期などを達成して、売上・利益目標達成へ貢献し、会社の成長へ寄与することが、取引先開拓・関係改善の目的です。取引先市場に候補会社を広く求め、複眼的な視点から候補会社を評価して、調達・購買の取引先として選定します。

　選定した取引先の基本情報把握と分類は、取引先マネジメントの基本となります。取引先との関係を改善・発展させつつ、実績を評価してその結果に応じて表彰し、状況によっては取引の縮小や停止を決定する必要もあります。

　長期的に見れば、取引先とWin-Winの関係を築くことが会社に利益をもたらします。低いコストを追及するだけで売手に利益をもたらさない取引は、品質問題、納期問題などを引き起こし、最悪の場合は売手の倒産や廃業という事態になってしまい、買手も高い代償を払うことになります。また、調達・購買パーソンとして取引先との信頼関係の構築に努めることが、自分の仕事の質を向上させます。常に相手から学ぶ姿勢を持ち、面談の時間などは厳守し、身なりにも気を配り、言葉遣いにも注意しましょう。状況によっては、強い態度や言葉が必要になることもありますが、それは職務上やっていることだという冷静な認識を持つ

ことが必要です。取引先の尊厳を傷つける言動や感情的な発言は厳禁です。

また、法令遵守の面では、下請法の意味を十分理解することは言うまでもありませんが、法律上、していいこととしてはいけないことを、具体的に理解しておくことが肝要です。

2．新規取引先候補の開拓

会社の成長、新事業への進出、新製品開発などへの対応で、現行の取引先が不適切になったり、新規部材の調達・購買が必要になったりした場合、新しい取引先を探すことが必要になります。また、現在の取引先が事業撤退したり廃業したりした場合など、自社の意図とは無関係な事由により新規取引先を緊急に探さなければならない状況になることもあります。

2.1　新規取引先候補の情報収集
（1）市場調査
調達・購買の取引先市場調査は、自社の新製品開発、コストダウン、取引のマンネリ化打破などの点で重要な活動です。ただし、ある特定の期間だけ市場調査に従事するのは、現実的ではありません。日ごろからアンテナを張って、次のような情報源を使い、新規の取引先候補を見つけることが必要です。

ポイントは、「広く求める」、「来るものは拒まず」、「敷居を低くする」です。

① 　競合関係にない取引先

例えば、金属加工会社にプラスチック加工会社の情報を求めるなど、直接の競合関係にない取引先を情報源にします。

② 　商社

多種の部材を取り扱っている商社は、いろいろな部材メーカーの情報を持っています。

③ 　業界の展示会

同種の部材メーカーが数多く展示していることが多いため、各企業の製品や新製品開発についての情報を効率的に収集できます。自社の方針や需要に沿った展

示会社のブースでは質問して情報を広げ、深掘りするよう心掛けます。名刺交換して、後日面談しやすくしておくといいでしょう。

④　業界や部材の専門誌・新聞など

業界誌（紙）や専門誌（紙）には、新規部材の情報や、メーカー・商社の情報が豊富に掲載されています。

⑤　インターネット情報

インターネットからは、新規取引先候補の情報を効率的に得ることができます。電子部品、プレス加工など製造部材や加工方法をキーワードに検索すれば、会社名が入手できます。また、業界ごとの工業会のホームページにアクセスして、会員名簿から候補会社を選ぶなど、工夫次第でさまざまな方法による情報収集が可能です。

(2)　取引先市場への発信

新規参入の敷居が高いという印象を与えないためにも、自社からの発信による取引先開拓活動は重要だと考えられます。自社のホームページに調達・購買の欄を設け、オープンで公平な調達・購買取引を行っていることをアピールしましょう。ホームページに記載する内容の例は、次の通りです。

・調達・購買の理念と方針
・調達・購買活動の実態（調達・購買品目・組織）
・取引開始までの手順
・取引の希望・提案受付
・取引先苦情・希望相談窓口
・調達・購買適正取引推進・法令遵守
・環境保全重視の調達・購買
・調達・購買部材の品質基準

(3)　新規売込会社の来社

取引のない会社の売込みは、将来の取引先候補を見つけたり、既存の取引先からは得られない貴重な情報を得たりするいい機会ですが、一般的にバイヤーは、売込会社との面談を避ける傾向にあります。目の前の問題処理に多忙である、一度会うとその後も何度も来られて困るなどの理由があると思います。

しかし、取引のない会社の売込みは、コストダウンのネタ探し、調達リスクの

傾向を探るチャンスでもあります。訪問を快く受け、前向きな姿勢で面談にあたりましょう。日頃から、新規売込会社からの情報収集項目を考えておき、質問リストを作成しておくといいでしょう。

　また、アポのない突然の訪問を受けることもあります。このような場合でも、なるべく時間を取って会うようにすることを推奨します。相手には、突然の訪問にも対応してくれたという感謝の気持ちが生まれるはずです。そのため、普段は話さないようなことも話してくれるかもしれません。別な言い方をすると、日ごろ聞きにくい質問をするいい機会でもあります。

2.2　候補会社の本社・工場視察や関係者との面談

　さまざまな手段で新規取引先候補をリストアップした後は、候補会社の調査を行います。新規部材の見積依頼と一緒に行えば、効果的な調査が実施できます。この調査は、候補会社の本社と工場を訪問視察し、関係者と面談を行うことにより実施します。

　自社からは調達・購買部門が単独で行うのではなく、開発・設計部門、品質部門、生産部門も参加して、全員が全項目を評価します。質問分野とその分野ごとの質問事項の例は、**図表５－１**の通りです。各分野を全部網羅する質問をすることは現実的ではありませんが、合理的な視点から質問することにより、その分野を偏りなく評価することができます。この例を参考に、他の部門（例えば、品質の分野なら品質保証部門）と協議して作成します。

　質問内容は前もって先方に知らせ、準備をしてもらいます。概念ではなく、事実、具体的な仕組み、事例などで証拠となる書類を見せながら回答してもらうことが大切です。回答に対しさらに質問があることもあるので、その場で回答できる人の出席を依頼します。

　図表５－１で示した５分野に加え、候補会社の財務の健全性を判断するため、財務指標をもとにした評価も行います。**図表５－２**に財務評価の項目と指標の例を示します。候補会社には、直近３年間の財務諸表を提出してもらいますが、財務諸表に表れた数値は、あくまでも過去の企業活動の結果であり、粉飾されている可能性もあるため注意が必要です。粉飾があるかどうかを判断するのは一般的に困難です。特に、非公開会社の場合は注意してください。

図表5－1　新規取引先候補の関係者との面談事項

	経　営	品　質	コストダウン	納　期	開発・設計
面談対象者	経営層	品質関連のマネジャー	生産ならびに調達・購買関連のマネジャー	生産関連のマネジャー	開発・設計関連のマネジャー
目的	今後の経営の方向性、業界理解、人材の安定性などの評価	品質改善・維持のための仕組み・緊急対応などの評価	継続的なコストダウンをするための仕組みの評価	納期を管理するための仕組み・緊急注文対応などの評価	開発のテーマ設定、開発プロセスなどの合理性の評価
面談内容	ビジョンと中期経営（事業）計画	品質保証部門の位置付け	工程数削減	工程管理	市場ニーズをベースにした新規設計開発
	成長戦略	工程での品質検査	VA/VE活動	生産の見える化	開発の独自性
	自社の業界の理解と取組み	変化点管理	コストデータベース	短納期緊急注文・注文変更への対応	他部門との連携
	自社への技術的提案の可能性ならびに意欲	トレーサビリティ管理	資材費低減	設備管理	開発プロセス
	人材雇用と育成リスクマネジメント	品質問題の再発防止	販売管理費など資材以外の経費低減	資材在庫の管理	技術者の採用と育成

図表5－2　財務評価の項目と指標

	指　標	意　義	計算式
安全性	流動比率	1年以内の資金繰りの状況を判断する（100%を超えることが望まれる）	$\dfrac{流動資産}{流動負債} \times 100(\%)$
	固定長期適合率	資本の調達と運用の適合性を判断する（70〜80%が一般的）	$\dfrac{固定資産}{(固定負債＋資本金)} \times 100(\%)$
	自己資本比率	財務基盤の安定性を判断する	$\dfrac{自己資本}{総資本} \times 100(\%)$
収益性	売上高経常利益率	売上高に対して経営活動全般による利益が占める割合を判断する	$\dfrac{経常利益}{売上高} \times 100(\%)$
	総資本回転率	総資本の利用効率を判断する	$\dfrac{売上高}{総資本} \times 100(\%)$

2.3　収集した情報に基づく検討・評価・決定

　経営、品質、コストダウン、納期、開発・設計に関しては、それぞれの質問項目を5点満点で評価して集計します。評価は調達・購買部門が単独で行うのではなく、調達・購買、品質、生産の3部門がそれぞれ評価して、会社としての評価をします。

　財務諸表からどの面を評価するのかは、その取引先候補に何を求めるかによります。調達・購買面では、一般的に、企業活動の継続性として安全性（流動比率、固定長期適合率、自己資本率）、コストダウン対応力として収益性（売上高経常利益率、総資本回転率）が対象となります。率に応じて5点満点で評価して集計します。

　信用調査機関の格付けも含めると判断材料が増えて、評価の妥当性が高まります。これらの評価スコアを集計して、新規取引先としての適否を判定します。

　また、人命にかかわる製品などを生産する会社の場合は、さらに詳細な品質保証監査評価を実施して、最終的な決定をするような手続きも必要です。また、実際に部材を発注する場合は、これに価格査定を加えて、他社との比較を行います。

2.4　契約と取引開始

　取引を開始することが決定した場合は、実際の発注や納入が始まる前に、取引条件や取引手続きの明細を決めておく必要があります。新規取引先と当初の取引からトラブルが発生しないように、十分な説明をし、合意を得ておくことが必要です。曖昧なまま、発注、納入が開始されてしまうと、後日のトラブルになりかねません。また、その新規取引会社が、下請法の対象となる場合は、違法となるような取引条件を設定しないように、留意しなければなりません。

　購買契約書を事前に交わすのが理想ですが、間に合わなかった場合でも、口頭だけでは誤解が生じる可能性もあるため、取引条件の合意についてはメールでもいいので書面にしておきましょう。

3. 既存取引先との関係改善・維持

　既存取引先との関係の改善と維持は、調達・購買部門の最も重要な活動です。

取引先を体系的に理解し、調達・購買関係の中で位置付けを行い、重要取引先とは役員を巻き込んだ多段階での関係維持を行います。また、関係のマンネリ化を避けるために、実績評価を複数の視点から行い、緊張関係を保ちながら、前向きな改善を進めていくことが求められます。評価の結果や取引先の対応などによっては、取引を停止しなければならない場合もあります。

3.1 取引先の現状把握と分類
(1) 会社の基本情報や有益情報

基本的な会社情報の他に、顧客、調達・購買先、下請会社、競合会社、中期長期の市場開拓・製品開発など、調達・購買の活動に役立つ情報を収集します。年に一度くらいの更新で十分な情報と、打ち合わせの都度追加・更新する情報を分けて整理しておくと、更新作業が効率的に行えます。

- **基本的な情報**：社名、関連商社名、住所、代表者、資本金、取扱品目、工場住所・生産品目、営業所住所、海外の組織と機能（生産・営業など）、顧客と販売品目、従業員数、関連会社、ISO 等の認証取得（年度）、顧客からの表彰経験、過去３年間の売上・利益
- **取引先としての適性判断に有益な情報**：過去３年間の自社の調達・購買金額、中期長期の市場開拓・製品開発、競合会社、調達・購買取引先など

これらに加えて、過去３年間の財務諸表を入手します。

(2) 調達・購買実績データの収集と活用

次のデータを年度ごとなどに収集して、調達・購買のさまざまな活動に利用します。情報システムから容易に資料が作成できるようにしておくと便利です。

- 取引先ごとの調達・購買全部材合計の金額
- 取引先ごとの調達・購買部材とその金額
- 調達・購買部材ごとの総金額
- 調達・購買部材ごとの取引先とその金額
- 取引先ごとのコストダウン実績（VA、値下げなどの項目別）

活用の例としては、取引先の位置付け、評価、部材ごとの取引先戦略、コストダウン交渉での優先順位付けなどがあります。例えば、これらのデータをもとに、図表５－３のような調達・購買品目ごとの年間調達予定金額を示す降順の棒

図表５－３　調達・購買品目ごとの年間調達予定金額（例）

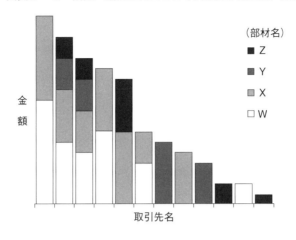

グラフ（もしくはパレート図）を作成すると、価格交渉の重点取引先の判断が容易になります。同様な降順の棒グラフ（もしくはパレート図）で横軸を部材名にして、取引先で色分けすれば、価格交渉の重点部材の判断に役立ちます。

（3）取引先の分類別対応法

　取引先を部品材の専用性と調達・購買金額の面で、**図表５－４**のマトリックスに従って分類した上で、それぞれへの対応法を考えます。

図表５－４　取引先の分類マトリックス

① 戦略的取引先

　調達・購買金額が大きく、代替取引先希少性が高い取引先とは、経営層を巻き込んで綿密な関係を築くことが必要です。

　自社設計に基づく部材である場合は、新材料の採用、生産方法や品質保証・管理について協調し、高品質、短納期、トータル・コストダウンを目指します。取引先の開発設計による部材の場合は、製品開発のロードマップの説明を受け、自社の新製品開発へ取引先の新部品を取り込めるように、コミュニケーションを続けます。そのために、戦略取引先とは経営層を含め、目的を明確にした定例会議を行うといいでしょう。

② 経済性優先取引先

　調達・購買金額が大きいため、コストダウン（値下げ）の追求が重要なグループです。コストダウン協力度などの評価結果により発注の割当てを決めるなどの対応により経済性を追求します。

③ 技術協力推進取引先

　調達・購買金額は大きくないが、部材の代替取引先希少性が高いグループです。このグループに属する取引先とは、コストダウンの経済性を追求するよりは、将来の新製品採用、納期の確保や品質レベルの維持に重点を置いた取引関係を築くことが求められます。

④ 変更・取引停止対象取引先

　このグループの取引先とは、あまり調達・購買の資源を使わないで目標とするQCDを達成することが必要です。原則として、このグループの取引先の数は多くしないようにしなければなりません。他の取引先への代替や他の部材への変更を検討することも必要です。

3.2　取引先とのコミュニケーション・関係改善
（1）担当から上位職のすべての段階でのコンタクト

　取引先の役員層、管理職、担当の３段階でそれぞれ太いつながりを持っておき、日ごろからコミュニケーションを図るようにします。通常、担当窓口とその直接上司とは、あまり意識しなくてもコンタクトが取れているはずです。しか

し、取引先の役員、部長などの上位管理者とは接触する機会が限られるため、意識的に会う場を設けるようにしましょう。例えば、年末年始、取引先総会、人事異動などの機会を活用し、取引先の役員・上位役職者と顔を合わせるようにします。自社からも、調達・購買部門長や担当役員に出てきてもらうといいでしょう。

このようなコンタクトがあれば、新製品開発への協力も得やすくなり、納期や品質に問題が起きた場合にも、上位職を巻き込み、スピーディに解決できる可能性が高まります。特に、戦略的取引先とはこのような関係の構築が必須です。

もう１つ認識しておくことは、自社はバイヤー、つまり買う側なので、取引先の営業担当だけでなく、その上位職者と直接コンタクトできる立場にあるということです。業界や会社にもよりますが、目安としては、自分の職位から２つ上までは、直接コンタクトできる立場にあると考えていいでしょう。例えば、役職がない一般社員の場合は、取引先の係長、課長までは必要に応じてコンタクトできると考えていいのです。

取引先の上位職者には、日ごろから自らの考え方をアピールし、仕事の質、人柄などで良い印象を与えておくことが求められます。買い手としての権利を振りかざすだけでは、逆効果になりかねません。

（２）定例会議

戦略的取引先をはじめとした重要な取引先とは、共栄関係の強化のため定期的に会議を開催するようにします。上位管理職の参加を必須として、議事に応じて部分的に開発部門の責任者、品質部門の責任者、生産部門の責任者などにも参加を要請します。議事録を必ず作成し、両者の社外秘扱いとします。フォローアップ事項があれば、期限と担当者を明記しておきます。

定例会議では、次のような両者の経営関連事項、中期の取引関係事項などが議事の中心になります。

・自社製品の市場動向
・自社の新製品開発計画
・取引先の業績報告
・取引先の経営・事業年度方針・計画
・取引先の新製品開発ロードマップ
・自社の発注見込数量

- 年度の改善活動の進捗（品質改善・納期短縮・コスト低減活動は必須、そのほかの活動は、自社の中期調達計画・年度計画をもとに選出（例：災害リスクマネジメント、グローバル化対応））
- 定期的評価結果の説明、課題の提示と改善依頼
- その他の重要課題事項

（3）取引先総会

　調達・購買金額が大きく取引先が多い会社では、主要な取引先と定期的に総会を開催しています。名称は、「取引先総会」、「仕入先総会」、「協力会総会」などさまざまです。会議の内容は会社によって違いますが、次のような進行が一般的です

- 業績報告、中期計画、年度計画の発表（自社社長）
- 今後の開発方針、中期計画、年度計画の発表と取引先への依頼（製品開発役員）
- 品質方針の発表、昨年度実績、取引先との品質連携・活動事例の報告（品質保証役員）
- 調達方針、中期計画、年度計画の発表、取引先への依頼（調達・購買役員）

　そして最後に、優良取引先を表彰し、表彰された取引先から活動報告を受けるという流れになります。

　総会の後は、懇親会で自社経営層と取引先との人的コミュニケーションを促進します。調達・購買部門の担当者は、取引先に役員や上位管理職の出席を依頼しましょう。自社の主要な関係役員も出席するので、取引先にとっては参加して情報を得ることがモチベーションとなります。また、新製品開発や品質改善に協力してもらいたい場合には、自社の関連役員がその取引先の役員に直接話をすれば効果的です。

（4）取引先関連リスク

　取引先に関連したリスクの例として、法令違反、禁止物質使用、特許違反、契約不履行、吸収合併、倒産・廃業、事業撤退、キーマンの退職、生産工場などの事故、システムトラブルなどがあります。この中でも、事業撤退や倒産・廃業は、その会社からの部材の供給が永久に停止してしまう最も深刻な事態と考えられます。事前対策、予兆把握と発生後の対応で、供給停止による影響を最小化し

なければなりません。

3.3　取引先実績評価

　取引先とは、緊張感のないマンネリの関係になることは避けなければなりません。自社がどのような部材・技術を調達・購買したいのかを明確にして取引先を選定し、その力を引き出し、貢献が高かった取引先は目に見える形で評価して取引上の優先権を与え、その取引先から引き続き貢献を得るというサイクルを回していくことが大切です。また、十分な貢献をしなかった取引先は取引金額を減らし、最終的には取引を停止する対応も必要です。

　このような取引先マネジメントにより、緊張関係が保たれます。そのための指標になるのが、取引先の実績評価です。

（1）評価の目的

　自社との取引実績を評価して、関係改善をするのが目的です。良くない点を並べるのではなく、今後も協力をお願いしたいという意志を背景に結果を淡々と伝えて、自社との取引での成果向上のためにお互いが何をするかを話し合う材料とするものです。そして、その意図が取引先にも伝わるようにコミュニケーションしなければなりません。

（2）評価項目

　品質、コスト、納期だけでなく、経営面、技術面、そして全体的なコミュニケーションの質を評価します。図表5-5に評価を行う項目を示します。ウェイト付けは、取引先の位置付けにより異なってきます。一般的には、戦略的取引先は経営、技術のウェイトを高くしますが、経済性優先取引先にはコストをはじめとした品質、納期などの実績に高いウェイトを付けます。自社の方針や業界の特性も考え合わせて、ウェイト付けをするといいでしょう。いずれにしても、合理的な根拠をもとにウェイト付けをすることが必要です。

　そして、評価は調達・購買部門が単独で実施するのではなく、管轄部門を決めて、関係者と協議して行うことが重要です。会社全体としての評価であることを取引先に伝えれば、評価通知に重みを持たせることができます。最終承認は、調達・購買部門長が行います。

図表5-5　現行取引先の評価項目

分野	項目	指標・視点	評価する部門	評価点	ウェイト
経営全般	中期計画・実績	中期計画の自社の事業方向性との整合性・実績	調達・購買		
	人材	社員のモチベーションを上げる制度（表彰制度、教育制度など）の有無と直近1年間の実施状況、新卒採用者の3年以内の離職率	調達・購買		
	財務体質	安全性（流動比率、固定長期適合率、自己資本比率）、収益性（売上高経常利益率、総資本回転率）	調達・購買		
	継続検討(改善)課題	新規取引先評価で課題となった評価事項、ならびにこれまでの評価で指摘された改善必要課題	調達・購買		
技術提案	技術水準・適合性	自社の需要に適合した製品・製造技術の開発力	開発・設計		
	技術支援・協力度	自社の新製品開発活動への技術的提案力・支援意欲	開発・設計		
	対応性	自社の新製品会開発での要求への対応性	開発・設計		
品質	工程内不良件数	頻度	品質		
	市場不良クレーム	頻度、重大性	品質		
	継続検討(改善)課題	新規取引先評価で課題となった評価事項、ならびにこれまでの評価で指摘された改善必要課題	品質		
コスト	価格水準	自社の目標価格との比較	調達・購買		
	コストダウン力	自社のコストダウンの目標との比較	調達・購買		
	VA提案力	これまでの年間平均提案件数との比較（主要取引先の提案件数の過去3年間での実績件数が基準）	調達・購買		
	継続検討(改善)課題	新規取引先評価で課題となった評価事項、ならびにこれまでの評価で指摘された改善必要課題	調達・購買		
納期	納期遵守	遵守率（または自社生産計画変更への影響）	生産		
	短納期対応	通常の発注時期より早い発注への納期対応性	生産		
	継続検討(改善)課題	新規取引先評価で課題となった評価事項、ならびにこれまでの評価で指摘された改善必要課題	生産		
応答性	回答の迅速性と質	トラブル対応、定期報告、要求事項や質問などに対する回答の期限遵守と回答の質	開発・設計、品質、生産、調達・購買		

(3) 取引先への通知

評価結果は、原則として取引先に通知します。ここで留意すべき点は、誰が、何を、どのように通知するかです。通知することにより関係が悪くなってしまっては、元も子もありません。好ましくない例としては、担当バイヤーが取引先担当者にメールで結果を送りつけたり、呼びつけて良くなかった項目をあげ、責め立てたりすることです。

重要取引先へは、自社の上位職者から取引先の上位職者（部長クラス）へ、良かった事項も含めて文書で通知するようにします。良かった点をまず述べて、次に改善必要事項を伝え、最後に別な点からその取引先の強みを述べ、改善への協力をお願いするという伝え方がいいでしょう。当期の評価結果を伝えるだけではなく、以前要求した改善事項に、引き続き取り組むように要請することも重要です。

また、財務指標の評価については点数まで伝える必要はなく、業界平均（データの出所も示す）と比較して、どうだったのかを伝えれば十分です。この通知が定例会議の場でできるように、日程を調整してください。また、取引を停止する相手の評価は意味がなく、仮に何らかの理由で評価をしたとしても、結果を通知する必要はありません。

4. 駆動三要因を発揮・強化するためのアドバイス

取引先開拓・関係改善は、QCD 全体にかかわる幅広く深みのある活動です。この活動を通じて駆動三要因を発揮・強化するためのアドバイスは、次の通りです。

4.1 顧客志向

ここでいう顧客志向の顧客とは、自社の顧客のことです。取引先には、自社（取引先にとっては納入先）の顧客を志向した活動をしてもらうことが必要となります。そのためには、自社の調達・購買部門がまず顧客志向にならなければなりません。特に戦略部品の取引先には、自社の顧客の新製品情報に基づく、仕様、数量、諸イベントの時期などの要求を明確に伝えて全面的な協力を得る活動

が必要です。これが、調達・購買部門の顧客志向の具現化となります。

4.2　調達・購買部門の存在感

　取引先との関係で、調達・購買部門が存在感を示すことができるのは、取引先選定時、新製品立上時、注文数量が大幅に増加した時、部品供給が逼迫した時などの大きな変化点や非常時です。このような時こそ、調達・購買部門のプロフェッショナリズムを他の部門へ示して、存在感を高めましょう。

　その際の鍵となるのが、取引先の経営力の評価手法、先行管理（特に新製品立上時）、リスクマネジメントであり、その基盤になるのが、取引先との友好関係です。リスクマネジメントについては、第8章で詳細に述べますので、ここでは経営力の評価、取引先との友好関係を強調しておきたいと思います。

　取引先との友好関係構築は、前述した多段階でのコンタクトを通じて、通常業務の重要事項として進めることが肝要です。そして、他の部門との打ち合わせや、他の部門も出席する取引先との会議の席で、経営力評価のスキル、友好関係構築（特に、マネジメント層での友好関係）、リスク管理の手法と実行というプロフェッショナリズムを見える化して、調達・購買部門のスキル・知識を印象付けましょう。

4.3　自らの人材価値

　調達・購買部門は、取引先の評価活動を通じて、会社経営、品質管理・保証体制、生産体制、コストマネジメントに関する知識・スキルを発揮・強化することができます。なかでも、経営ビジョン・戦略・中期計画、財務指標の理解と活用はどの部門でも役に立つ手法で、特に上級マネジャーには求められるスキルです。取引先の評価活動は、自社の品質・生産の専門家と連携して進めますが、その際、専門家が取引先との面談や生産現場でどのような課題を把握するのかを学びましょう。

　調達・購買部門は、取引先との日々のコンタクトを通じて、コミュニケーション力、交渉力などを強化することもできます。取引先の優秀な営業担当者・マネジャーと接し、顧客志向やプレゼンテーション・スキルを学びましょう。

◎事例紹介

多様な情報源をもとに候補会社選定を行い、新規取引先開拓に成功した事例を紹介します。

A社は部材PをB社から調達していましたが、ある日、B社より、親会社の方針で1年後に部材Pの開発・生産から撤退するとの通知を受けました。A社はB社を品質維持や納期遵守の面で高く評価していたので、マネジメントレベルまで巻き込み、何度か生産継続を依頼したのですが、決定は覆りませんでした。

この部材はB社からのみ調達・購買しているので、代替取引先を探さなければならなくなりました。会社の評価や見積り、部材評価などの手続きを考えると、あまり時間的な余裕はありません。

この状況で、B社は2社の代替メーカーを推薦してきました。調達・購買部門など関連部門で検討会を持ったところ、信頼性の高いB社が推薦しており、時間的な制約もあるので、この2社に集中して評価すべきだとの意見が大多数を占めました。しかし、取引先開拓においては、情報源を広く求めるべきとの信念を持つ調達・購買部門のマネジャーは、専門誌やこの業界に関連が深い業者からの情報により別の2社も候補にあげ、これらの2社も含めて検討すべきだと、関係者との会議で強く主張したのです。

時間に追われる中、A社の検討チームはこの4社の評価活動を始めました。4社への訪問、情報・データの収集、見積りの検討を経て、調達・購買部門のマネジャーが候補としてあげた2社のうちの1社が最終的に選定されました。結果的に大きなコストダウンにつながり、取引先開拓は自ら広く多様な情報源をもとに行うことの重要さを認識した選定活動になりました。

第6章 開発購買

1. 本章の位置付けと趣旨

　本書の中でのこの章の位置付けは、序章「本書の概要」の13頁にある図表序－1に示した通りです。

　開発購買は、調達・購買機能がかかわるすべての対象に働きかける活動です。そして、調達・購買の活動を自社製品の市場・顧客まで広げ、製品・機能ベースでの考察をもたらし、貢献領域を製品開発の上流まで拡大する手段でもあるのです。

　この章では、開発購買の定義・目的を明らかにした上で、具体的実行策を述べていきます。調達・購買部門が開発購買活動を進める際の開発・設計部門との連携の仕方や、活動の実効性を高めるための戦略にも言及します。

2. 開発購買の定義・目的と基本的な事項

　ここでは、活動の目的などいくつかの視点から開発購買を定義した後、開発購買の基本的事項を押さえ、開発購買を成功させるためには何が必要かを説明していきます。

2.1 開発購買の定義・目的

　開発購買とは、新製品引合いから開発初期までの段階で、調達・購買部門が営業部門、開発・設計部門などと連携して、取引先の技術などを取り込みながら、要求仕様・性能を満たす材料費の目標原価を達成し、製品のライフサイクル全体で調達・購買部材のコストや未納リスク・品質不良リスクを最小化するために最適取引先・部材を選定する活動のことです。

2.2 基本的な事項
(1) 活動の特性
① 製品単位・製品の機能単位の活動

調達・購買部門は、多くの場合、部材や取引先単位でグループやバイヤーが任命されていますが、開発購買は活動の基盤が新製品開発です。そのため、活動は、新製品からその機能、そして部材・取引先へと降りていく流れになります（図表6－1）。そこで、開発購買を進めるためには、活動を会社の製品・機能単位にまとめるリーダーが必要となります。開発購買専任のグループをつくり、会社の製品カテゴリー別の専任バイヤーを置く方法もあります。

② 製品市場や顧客の新製品コンセプトの理解

開発購買を進めるためには、まず製品市場の動向を理解しなければなりません。これにより、今後の新規部材の開発などの動向を予測します。また、自社がB to B取引で部材やユニットを販売する場合、目標顧客の新製品のコンセプトの変更を早い段階から把握して、最適な重要部材を探索し提言することが調達・購買の役割となります。

製品のコンセプトの変更とは、図表6－1でいえば、機能ブロック（A）と（B）が結合したり、新しい機能が追加されて機能ブロック（D）が生じたりすること、外部より調達・購買している機能ブロックを自社設計・生産へ変更するこ

図表6－1　製品・機能・部材の関連（例）

製品	機能ブロック（A）	部材（1）
		部材（2）
		部材（3）
		部材（4）
	機能ブロック（B）	部材（2）
		部材（5）
		部材（6）
	機能ブロック（C）	部材（1）
		部材（5）
		部材（7）
		部材（8）
		部材（9）

となどです。これにより、自社が調達・購買する部材の種類も変化することになります。

③ 商品企画・開発の初期から関与

製品創造過程の初期である商品企画や製品開発・設計の段階から、調達・購買が関与して、コスト低減、付加価値向上への貢献を目指します。図表6-2に、新製品の開発・設計イベントの例と開発購買の主な業務を示します。

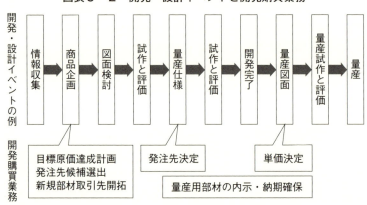

図表6-2 開発・設計イベントと開発購買業務

(2) 成功要因

① マネジメントの理解と支援

開発購買活動は、調達・購買部門だけでは進められません。他の部門、特に営業部門や開発・設計部門のマネジメントの理解と支援が必要です。

② 他部門との効果的な連携

開発購買は、新製品開発での活動です。したがって、新製品の開発・設計を担当する開発・設計部門との連携活動を緊密に行わなければなりません。そのためには、調達・購買との連携が、開発・設計部門の業務の付加価値を高めることを実感してもらうことが必要です。また、営業部からは市場・製品動向を入手したり、BtoB取引の場合は、顧客の新製品情報を早期に入手したりして、顧客志向面での支援連携を行います。

開発購買と量産購買の組織が分かれている場合は、量産購買部門から納期遵守

度や品質問題の発生頻度、問い合わせへの応答性などの情報を得て取引先を選定することも大切です。品質部門や生産部門などとの連携も大切なことはいうまでもありません。

③　取引先の新技術などの体系的な取込み

　取引先市場で開発される種々の新技術を組織として体系的に収集し、自社の新製品へ取り込むことが、他社製品との差別化要因の1つです。調達・購買部門は、この活動を組織的、体系的に行うことが求められます。

3．開発購買の具体策

　ここでは、開発購買の具体策を紹介した後、具体策を実効性あるものにする戦略要件を説明します。理論的には、戦略の後に具体論を述べるべきですが、調達・購買の実務家にとっては、この順番の方がわかりやすいと思います。

3.1　原価目標を達成するための具体策

　仕様が確定して量産が開始された後も、材料のコスト低減活動は可能です。部材価格の交渉、量産品へのVA/VEなどの方法がありますが、この仕様決定後の活動にはさまざまな制限があり、多くの場合、効果は限られたものになります。

　一方、新製品の開発・設計段階でのコスト低減活動は大きな効果をもたらします。ここに、開発購買の意義があります。これをイメージしたのが、図表6－3

図表6－3　部材コストの推移

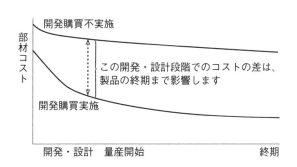

です。また、部材コスト低減方策の例と開発・設計段階と量産開始後の適用性を比較し、図表6－4にまとめました。

図表6－4　コスト低減の手段とその適用性の開発・設計期間と量産後の比較

方法	部材の分類	コスト低減の手段	開発・設計段階	量産開始後
VA/VE	取引先の標準部材	部材の数量削減、新規低コスト部材の採用、その他VA/VE案	仕様が決定する前なので対応が可能。	仕様が決定しており、対応検討に社内関連部門（開発・設計部門、品質部門など）の評価・合意、また場合により顧客の評価・合意が必要。そのため、コストがかかり、正味削減効果はその分小さくなる。また、評価・検討期間が必要で、承認されても旧仕様部材の在庫がなくなるまで適用はできず、実効適用期間はその分短くなる。
	自社の図面部材、仕様指定部材	部材の数量削減、取引先での加工工程削減などの合理化、代替部材の採用、自社指定の加工種類の削減、その他VA/VE案		
交渉	すべての部材	価格交渉	採用時の交渉は、取引先の経済合理性以外の要素（営業方針等）もあり、値下げ効果が大きい。	量産後の交渉は取引先のコスト低減、利益削減次第。ほとんどの場合、取引先の経済合理性が主体なので、値下げ効果は限定的。

　新製品の開発・設計段階で、調達・購買部門は開発・設計部門と連携して、さまざまな手法を通じて原価目標を達成し、さらにその新製品のライフサイクル全体でコストの最小化を図ります。原価目標達成のための具体策は、次の通りです。これらの具体策をプロセス化して新製品開発タイムスケジュールに組み込み、責任者を決めて実行し、進捗を定期的にチェックします。また、関係者が見てわかるように、原価目標達成の進捗はグラフにして掲示するようにします。

(1) 目標の共有と役割分担の明確化

　連携部門、特に営業部門と開発・設計部門とは目標を共有して、役割・貢献内容を明確にする必要があります。

(2) 失敗・反省経験の活用

　これまで実行した商品企画・製品開発段階でのさまざまな原価目標達成活動の失敗・反省例をわかりやすく記録しておき、新規の商品企画・製品開発活動に活かします。

(3) 目標とする競合品のティアダウン

ティアダウンを行い、自社の新製品開発活動に活かします。調達・購買の視点では、重要部品のサプライヤー、部品の加工法・材料などが参考情報となります。ティアダウンの具体的方法については、第2章をご覧ください。

(4) 既存取引先の新規開発部材の採用

現行の取引先が開発した低価格の新規部材が、自社の新製品の量産開始に間に合うのであれば採用します。新規部材の仕様・性能を評価することはもちろん、その部材の大量調達・購買を決定している会社があるか、今後の中期的コストダウンの可能性はどうかなどの検討も必要です。

(5) 代替（新規）取引先部材の採用

取引先の集約化や入替などの調達・購買部門の方針や技術的評価の面から、代替（新規）取引先の部材を採用する方法です。自社の新製品の性能・仕様要求により、現行取引先の部材が採用できなくなる場合もあります。代替（新規）取引先からみれば、競合他社からの転注、もしくは新規参入の機会など、営業上好ましい状況といえます。調達・購買部門は、このような価格交渉上のプラス要因を活用して、より低い価格提示を引き出す交渉をすることが必要となります。

(6) 取引先の知恵・技術の取込み

開発購買では、取引先との打ち合わせが必須になりますが、調達・購買部門は単に場を手配するだけではいけません。取引先の知恵や技術を取り込むために、部品の種類別に次の事項について開発・設計部門と協議して、打ち合わせが活性化するように準備し、打ち合わせの場では議論をリードします。

① 自社の図面・仕様で加工する部品

機能別に、製品の仕様・性能に大きな影響がある重要部材とその取引先を選別します。実際に加工する取引先から、材料の量、寸法公差、加工法、形状などについて提案をしてもらいます。

原則的には、取引先に自由に検討、提案をしてもらいますが、提案が活発になるように自社から切り口を提示することも有効です。業界や部材の種類によっても異なりますが、例えば、加工技術・方法の選択と新規開発、素材の選択（ライフサイクルの段階、特異性、入手困難性などを考慮）、現行納入品との共通化などがあります。

② 取引先の標準部品

　機能別に、製品の仕様・性能に大きな影響がある重要部材とその取引先を選別するのは、自社図面・仕様での加工部品の場合と同様です。その後、取引先から新技術・新製品の開発計画を提示してもらいます。

　自社の新製品開発にその新技術・新製品が取り込めるように自社の開発計画を変更したり、取引先の開発時期を繰り上げるように要請したりして、自社の開発時期と取引先の開発時期の同期化を検討します。

　①の場合も②の場合も、取引先の提案の採用難易度と検討スケジュールなどを記載した議事録を作成してフォローをするようにします。取引先からの提案はリスト化し、議事録の一部にしておきます。このリストのフォーマット例とその記入例を、図表6－5に示します。

図表6－5　取引先からの提案リスト（記入例付）

取引先名：XYZ製造株式会社　　打ち合わせ日：20XX年○月○日

部品名	部品図面番号	取引先提案者	提案内容	提案採用の場合の効果	課題	自社担当	検討終了予定日	検討終了日	検討結果
AAA切削加工品	RP16ZA-01	山田ＸＸ	外形寸法の変更	・購入価格低減 ・自社での加工費低減	強度の検証	河合YY	20XX年○月○日		

（7）価格交渉

　採用時の交渉は、取引先の売上増加意欲、失注回避策、新規取引採用意思などの非経済面も刺激できるので、値下げ効果が大きくなります。しかし、下請法の対象となる取引先に関しては、買いたたきなどの法令違反にならないように留意が必要です。

図表6-6に、これらの活動と商品企画、製品開発・設計活動の時期の概略を示します。

図表6-6　開発購買の活動と商品企画、製品開発・設計活動の時期

企画・開発スケジュールの概略	商品企画	図面検討開始			量産仕様	開発完了	量産開始
開発購買関連活動		・事例検討 ・過去の原価企画成功・失敗	・競合製品ティアダウンからの収穫物の活用	・新規部材採用 ・新規取引先部材採用 ・取引先の知恵・技術取込み	・発注先決定	・価格決定	
	スケジュール策定→対取引先活動・連携活動・スケジュール進捗・原価目標達成進捗などのチェック						

備考）原価目標達成の進捗はグラフにして掲示

3.2　開発購買のための情報収集

(1) 成功・失敗事例の記録
　自社がこれまで行った原価目標達成活動での成功・失敗事例を、今後の活動に役立つように体系的にまとめておきます。各事例から得られた考え方や手法を活用できるように記録することが必要です。新製品の開発・設計が終了した時点で開発・設計部門が行うレビューに調達・購買部門も関与して課題を整理し、次の新製品開発に活かすようにします。

(2) 市場・製品動向が部材へ与える影響の把握
　自社製品の市場トレンドの把握は、自社だけでなく、取引先にとっても重要です。取引先の新製品開発、新技術開発に影響を与えるからです。
　市場・製品動向は、自社のマーケティング部門や営業部門で把握しているのが通常です。これらの部門から情報提供を受け、次の視点から部材の取引先市場への影響を考察します。市場・製品動向から部材動向を推察し、情報収集するの

が、開発購買担当者の任務となります。

① **自社製品の市場動向**

　自社製品の市場を、市場規模や価格の動向、適用分野の変化などの視点から把握します。そして、それが取引先市場へ与える影響を考察し、次のような対応を取ります。

- ・取引先市場が拡大すると考えられる場合は、取引先の価格競合力のある部材開発、生産拡大体制などの情報を入手します。
- ・取引先市場が縮小すると考えられる場合は、主要取引先が重要部材の生産停止や事業撤退をする可能性へ留意し、対策を取ります。

　自社がBtoB事業で部品やユニットを販売している場合、自社顧客の製品コンセプトに変化があったら、現在、調達・購買している主要部材で対応できるか否かを検討します。また、自社現行品の新規市場の可能性についても、営業やマーケティング部門から情報収集しておくことが必要です。

② **競合会社の最新製品の分析**

　競合会社（特に、リーダー会社）の最新製品を、ティアダウンなどの手法で分析・調査します（手法の詳細は、第2章を参照してください）。そして、その分析結果をもとに、取引先市場への影響を考察します。特に、主要部材への影響を考察することが重要です。

(3) 機能別重要部材とそのサプライヤー情報

　現行取引先にとらわれず、他の優れたサプライヤーを新たに取引先としたり、代替化したりする活動に役立てます。この情報整理のためのフォーマットと記入例を、図表6-7に示します。

図表6-7　機能別重要部材とサプライヤー（記入例付）

機能	重要部材	サプライヤー・型番・参考価格		
		AA株式会社	BB株式会社	CC株式会社
電源	レギュレーターIC	AA10022・30円	BB20033・28円	CC30044・32円

（4）戦略的取引先などとの情報交換

重要部材の現行取引先（特に、戦略的取引先、技術協力推進取引先）との定例会議において、量産調達・購買に関連している納期、品質関連の実績に加えて、開発購買に関連した事項の討議、意見交換、情報交換も行うようにします。この対象となる事項には、次のようなものがあります。

① 自社製品の市場動向や新製品開発計画

自社事業の市場・製品トレンドのうち、取引先に伝えるべき事項を選択し、取引先の関心事にリンクした方法で説明します。取引先から新技術、新製品、コスト低減などの協力を引き出すことが目的です。

例えば、その取引先の新製品について、今後の成長性を強調した説明をすれば、興味を持って聞いてくれます。逆に、その取引先が現在生産しておらず、今後も開発する計画がない製品の市場を説明しても、その取引先には意味がありません。

② 新部材・新加工法の仕様等内容および開発ロードマップ

取引先に新部材・新加工法の開発内容を説明してもらい、自社の新技術・新製品開発への活用・採用可能性を検討します。部材によっては、自社新製品の仕様に大きな影響を与える可能性もあるので、自社の技術面での検討も必要です。そして、開発ロードマップの説明を受けます。説明を一方的に聞くのではなく、仕様への要望をしたり、自社の新製品開発と取引先の開発スケジュールの調整を依頼したり、自社での新製品開発スケジュールを見直したりして、協業を進めます。このフォローのためのフォーマット例を、図表６−８に示します。

図表６−８　取引先の新規部材開発と自社の対応（記入例付）

部材名	取引先名	新規開発部材	自社の製品への適用性	自社でのアクション
樹脂	株式会社 XYZP	低コスト UV 硬化型樹脂	20XX年量産開始を計画している製品への適用検討が望ましい	次期の定例会で、自社の当該新製品開発スケジュールとXYZP社の低コストUV硬化型樹脂の開発スケジュールを照合して、具体的検討計画を作成する

3.3　調達・購買部門の役割・付加価値

　開発購買の活動は、新製品の開発・設計と綿密に関連しています。そのため、調達・購買部門は、次のような貢献を通じて開発・設計部門と連携することで、付加価値のあるパートナーとなれるのです。

(1) 評価の合理性向上

　部材の技術的評価は開発・設計部門が行いますが、調達・購買部門は取引先の経営・体制評価、価格評価の合理性を向上させます。評価の合理性を向上させる目的は、ライフサイクルを通じてのコスト低減、納期遅れや品質問題発生の最小化です。

(2) 新規部材取引先候補の開拓

　商品企画の段階で、これまでまったく使用したことのない部材の調達・購買が必要になると判明した場合、新規部材の取引先開拓が必要になります。取引先決定までのスケジュールを作成して、これまでの売込会社にインターネットでの検索、非競合会社や商社、業界誌（紙）などからの情報を加えて候補をリストアップし、第5章で述べた新規取引先開拓手順に従って活動を展開します。

　新規部材なので、技術面での評価も必要になります。最終決定にあたっては、調達・購買部門が取引先候補の会社や体制、開発・設計部門が技術面を評価し、総合的な評価を行うことになります。その際、調達・購買部門がイニシアティブを取らなければなりません。

(3) 部材価格など取引条件の交渉

　自社の新製品の仕様が決まり、基本設計が確定したら、調達・購買部門として当該部材の価格交渉を行い、量産発注までに価格を確定します。取引先の標準部材の場合は市場価格などとの比較チェック、自社図面に基づく場合は見積書の吟味を行い、必要に応じて価格交渉を実施して確定します。見積書の吟味方法や交渉技術については、第2章を参照してください。

(4) 新規部材などの納期確保

　新規部材で特に納期の長いものや、供給が逼迫している部材、自社の指定仕様・図面品で量産仕様決定が遅れているなどの事情で、通常の量産発注より前に発注・内示が必要な場合には、新製品の生産開始に伴う追加需要を含めた中期の発注計画を提示して、納期遅れが生じないよう取引先に協力を依頼します。

量産用の発注は、開発購買担当グループ以外の部門で対応する場合が多いと思います。そのため、その部門とのコミュニケーションを密にして、早期での発注開始や内示提示が必要なことを理解してもらわなければなりません。

　中期発注計画は、毎月など定期的に提示するようにします。また、市場需要に大幅な変動があった場合や新製品の生産開始の時期に変更があった場合などは、その都度提示するようにします。この活動の補助となる管理表の例を、**図表６－９**に示します。

図表６－９　量産開始時の納期遅れ回避対応必要部材の管理表（記入例付）

部材名	取引先	理由	自社の対応 （時期・担当・具体的対応）	備考
部材A	株式会社AAA	納期が長い（3ヵ月）	○月○日（量産開始予定日の3ヵ月前）までに正式発注する。調達・購買のAさん担当	価格は現在、交渉中
部材B	株式会社BBB	顧客からの頻繁な要求変更により、自社の仕様確定が量産開始3週間前になる見込み	○月○日までに納期と数量を内示して、仕様に影響のない工程まで生産をすすめてもらう。調達・購買のBさん担当	初めの数ロットは加工工程BBが手作業になる可能性がある。品質担当と対応検討が必要
部材C	株式会社CCC	CCC社が手配すべき材料Mが特殊で納期が長い（4ヵ月）	○月○日までに納期と数量を内示して、CCC社に材料Mの調達をすすめてもらう。調達・購買のCさん担当	量産開始後の自社からの内示の内容についてCCC社の要望あり。調達・購買で対応が必要

（5）開発購買方針・活動報告書の作成

　開発・設計部門と協議して、開発購買の方針を決め、四半期ごとなどに活動報告書を作成します。

3.4　学習を通じた連携精神の醸成

　原価目標達成の具体策の効果を高めるために、開発・設計部門と連携して次のような学習活動を行い、コスト低減・スキルなどの向上を図ります。こうした活

動を通じて仲間意識が醸造され、開発購買活動でのより高い成果につながることも期待されます。

(1) 自社工場と取引先工場の視察

この目的は、製品や部材がどのように組み立てられたり、加工されたりするのかを理解することです。この理解により、ティアダウンの効果向上、取引先の技術取込みの活性化をすることができます。

(2) 相互セミナー実施

教えることは学ぶことといわれますが、開発・設計部門との相互セミナーを通じて、調達・購買の開発購買担当者も考察を深めることができます。相手がエンジニアだからと気楽に構えて、いい加減な説明をせずに、想定質問なども予測し、十分に準備をしましょう。

セミナーでは、例えば調達・購買部門から開発・設計部門へ新規取引先評価とその背景について説明し、開発・設計部門から調達・購買部門へは、製品の機能と重要部材について説明します。

3.5 具体策の実効性を高めるための要件

ここまで述べた具体策をより効果のあるものにするためには、次のような広い枠組みでの対応が欠かせません。

(1) マネジメントの理解と支援を得る

開発購買活動の展開を、経営層や他の部門が提案することは皆無といっていいでしょう。この活動は、調達・購買部門が主導して会社へ貢献するために行うものであり、他の部門がイニシアティブを取ることはありません。そのため、組織に根付いた活動にするためには、まずマネジメントの理解と支援が必要となります。マネジメントの理解・支援を得るための方法は、業界や企業文化などで異なると考えられますが、一般的には、まずマネジメントの関心事（全般的には、経営ビジョンと中期計画での重要課題）に焦点を当て、開発購買の有効性を説明すべきでしょう。調達・購買部門の思いを熱く語っただけでは、理解と支援は得られません。

例えば、中期計画の課題の中に、新分野進出というものがあれば、その達成に開発購買の活動が有益であることを、具体策を示しながら説明します。さらに、

開発・設計部門の管轄マネジメントへも説明して、支援を取り付ける必要があります。これらを含めた、構想から活動開始に向けたステップは次の通りです。
・調達・購買部門での合意形成
・開発購買に関する調達・購買部門の戦略策定
・マネジメントへの説明資料作成
・調達・購買と開発・設計を管轄するマネジメントの理解と合意を得る
・開発・設計部門長の合意を得る

　開発・設計部門長の合意を得るためには、①会社の方針・中期計画実現へ貢献する活動であること、②開発・設計部門の中期計画に基づいた活動の成果達成に有益な活動であることを強調します。避けるべきことは、「調達・購買部門は開発購買という素晴らしい活動をするので、開発・設計部門はそれに同意するように」という自己都合だけに基づく説明や高飛車な態度です。

(2) 調達・購買部門の活動計画に明記する

　具体的には、次の活動計画に開発購買機能に関する記述を含めます。作成の詳細については、第1章の2.1を参照してください。参考までに、以下に記述例を紹介します。

① 中期計画

　調達・購買部門の中期計画に、次のように部門のあるべき姿を明記します。

> 自社の新製品の商品企画・開発の初期段階から、終期までのすべての製品ライフサイクルで、調達・購買部材のコストを最小化し、品質安定ならびに納期遵守を達成して、会社事業の成長と利益改善に貢献する調達・購買部門を目指す。
> ＊下線部分が開発購買に関連した表現です。

　調達・購買部門の中期計画のうち、開発購買に関連する部分の具体例は、**図表6−10**の通りです。毎年改訂して、常に3年単位の中期計画を策定します。

② 年度計画

　年度計画では、中期計画にある当該年度の実行課題を詳細な活動計画にして、担当責任者を決め、その年度の月ごとの計画に落とし込んでいきます。このような年度計画を策定している会社であれば、その方法を開発購買機能にも適用することになります。調達・購買部門の中期計画に、開発購買の機能強化を含めるこ

図表6－10　開発購買の機能強化の中期計画（例）

実行課題 \ 年度	20XX 年度	20XX+1 年度	20XX+2 年度
関与・目標達成率			
商品開発からの関与比率	50%	100%	100%
材料原価目標達成率	100%	100%	100%
目標達成実行策の適用			
競合製品のティアダウン	1社	2社	2社
取引先の技術取込会議	対象取引先選定	対象取引先と開発初期に会議	対象取引先と開発初期に会議
情報収集・支援ツール策定			
VA事例集の策定	事例集の様式・責任者決定	事例集最新化	事例集最新化
目標達成活動反省記録	反省記録様式・責任者決定	記録の最新化	記録の最新化
戦略的取引先との新製品情報交換会議	対象取引先選定	対象取引先と四半期ごとに会議	対象取引先と四半期ごとに会議
開発・設計部門との連携精神向上			
コストダウン共同学習	1回	2回	2回
相互セミナー	1回	2回	2回

とにより、調達・購買部門長の理解・支援のもと活動が活性化するのです。

　調達・購買部門の中期計画や年度計画の中で、開発購買の方向性が決まったら、開発購買の組織について決めることが必要です。具体的には、独立した組織とするのか、独立組織ではないが専任者を置くのか、現行の組織のまま各部材担当バイヤーが兼任し開発購買活動を調整するマネジャーを置くのかを決めます。

(3) 開発購買活動の組織化

　開発購買は、開発する製品単位で、調達・購買部門をはじめ、営業部門、開発・設計部門などからなるプロジェクト型組織で推進するのが理想です。このプロジェクトを機能させるには、調達・購買部門でまず組織をつくった上で、開発・設計部門の新製品開発組織の中に開発購買バイヤーが入り込むのが現実的です。また、開発・設計部門から調達・購買部門へ人事異動を行い、開発購買の担当者やマネジャーにするのも有効な手段です。この人事異動では、調達・購買部門が受け入れた人材を有効活用し、他のバイヤーへの教育効果も出るようにする工夫が必要です。

調達・購買部門や開発・設計部門の組織が大きく、上層部の支援のレベルが大きな場合は、調達・購買部門への開発・設計エンジニアの異動など、人事交流も含めた組織づくりが可能になります。現実的には、連携活動が実効性のあるものになるよう、調達・購買部門の組織を効果的な開発購買ができるようにすることから始めます。

組織のパターンとしては、①開発購買専任マネジャーを調達・購買部門長の直轄として置く、②開発購買専任マネジャーを製品事業部長の直轄として置く、③開発購買課を調達・購買部門長の直轄として置く、④開発購買マネジャーは量産購買の各部材カテゴリーの課長が兼任する、などがあります。それぞれの特徴を理解して、自社の方針、組織規模などを考慮して決めます。

4．駆動三要因を発揮・強化するためのアドバイス

開発購買はまさに、調達・購買部門の活動を改革する業務です。活動対象の関係者は、取引先だけでなく、開発・設計部門をはじめとした社内関連部門にも及びます。また、品質、コスト、納期のすべての要素に関連した活動です。そのため、駆動三要因を働かせる場面が多々あり、駆動三要因を強化できる機会も多くなります。

4.1　顧客志向

（1）開発購買は自社市場や顧客の把握から始まる

市場での数量・価格動向、競合会社の新製品動向などをもとに自社の新製品開発計画を理解し、取引先での重要部品などの生産、開発動向を把握するようにすれば、自社製品の市場動向とリンクした調達・購買活動を展開することができます。また、自社が顧客の製品の一部であるユニットや部材を製造する会社である場合は、顧客の新製品設計概念の変化などもつかむことが必要です。これにより当該製品（ユニット・部材）への要求の変化を察知することができ、開発・設計部門と連携して顧客の新しい要求に沿った部材の選定などが早期に実施できるのです。

(2) 開発購買で顧客志向を学ぶ

　開発購買では、顧客志向とは何かを営業部門、開発・設計部門などから実体験で学ぶ機会が多くあります。例えば、顧客との新製品企画・開発段階の打ち合わせにおいて、自社の営業部門や開発・設計部門がどのような情報を得たのかをつかみ、それに対して調達・購買部門として何をすればいいのかを考え、顧客からの先端情報を調達・購買部門の活動に活かす手法を開発したり、データベースを作成したりすれば、顧客志向をベースにした開発購買が実現できます。

4.2　調達・購買部門の存在感

　調達・購買部門が便利屋になってしまっては、部門としての付加価値は低くなり、存在感を示すことはできません。事業上重要でありながら、開発・設計部門の関心が薄い分野で強みをアピールすれば、存在感を示すことができます。そこに、開発購買バイヤーの存在意義があるともいえるのです。具体的には、次のような事項が相当します。

・取引先の経営・財務評価やコスト削減体制、納期確保体制の評価
・全ライフサイクルを通じた部材の品質リスクの最小化、納期遅れの最小化、原価の最小化、終期での残材の最小化のための方策

　また、開発購買においては、取引先に緊張感を与えることも必要です。従来からの取引先に対しては新規取引先の採用を示唆し、新規取引先候補には従来からの取引先との共栄関係をそれとなく示すことも効果的です。その際、開発・設計部門とコミュニケーションを取り、候補取引先に違ったことを言わないように根回しをすることが必要です。この根回しは、調達・購買から開発・設計への命令という印象を与えないように留意し、開発・設計部門の計画や利益などに関連させて進めるべきです。そうしないと、開発・設計から反発を受けて、取引先との交渉で足並みが乱れ、スキを見せてしまうことになります。この根回しと取引先交渉を巧みに行うことにより、調達・購買部門の存在感を示すことができます。

　また、調達・購買部門で働く人たちは、外部の会社から売り込まれる立場にあるので、何かを売り込む訓練をする機会はあまり多くありません。開発購買は、開発・設計のエンジニアに自分の考え、スキル、知識を売り込む訓練になると考えて、掲示・展示物などに工夫をし、調達・購買部門の存在感を高めましょう。

4.3　自らの人材価値

（1）開発購買バイヤーに求められるスキル・知識

　開発購買バイヤーに求められるスキル・知識は多岐にわたっています。そのスキル・知識のすべてで人並み以上のレベルに達するのは、容易ではないし、現実的でもありません。目指すべき領域とポイントは次の通りです。

- 開発・設計エンジニアが得意でない分野でプロになる：例としては、会社の戦略、マーケティング、交渉技術などです。開発購買バイヤーに、最も求められるスキルです。
- 開発・設計エンジニアとコミュニケーションする際の心のあり方、感受性を高める：開発・設計エンジニアに自分の主張を認めてもらい、連携をスムーズに進めるための技術です。
- 開発・設計の基本を知り、専門用語などを理解できるようにする：開発・設計エンジニアから、基本的なことは理解していると評価されるようになりましょう。

（2）自己学習による強化項目

　こうしたスキル・知識を開発購買活動で発揮しながら、OJTや外部セミナーなどの自己学習を通じて、次の項目についての知識を高めましょう。

- 自社製品市場（成長性、リーダー企業、競合会社など）
- 製品（機能、機能別需要部材、製品理解のための基本技術知識など）
- 調達・購買の取引先とその部材（特定のカテゴリーではなく、自社製品に関する部材全般の知識、加工技術の知識とその取引先の知識、特に重要部材の業界・製品知識）
- 製品のライフサイクル各段階での調達・購買面での留意事項

◎**事例紹介**

　複数の製品事業部を持つ会社の調達・購買部門の中に、新しく開発購買組織を立ち上げた事例を紹介します。

　家電メーカーA社では、調達・購買部門のイニシアティブで開発購買活動が始められ、これから高い成長が期待されるB製品の事業を対象とすることになりま

した。B製品事業部のトップである事業部長も自己の事業部専任のバイヤーができるとの理由で協力する意思を示していましたが、積極的な意思表示ではありませんでした。

まず、経験の豊富なマネジャーSさんと若いバイヤーT君がいるだけの開発購買組織で活動を始めました。調達・購買部門長からは、B製品事業部の開発・設計段階から調達・購買が貢献するようにという言葉があっただけでした。開発購買の目的、役割があいまいなまま、組織だけができたというのが実態でした。このような状況で、開発購買マネジャーSさんは新しい任務を開始しました。

1．開発・設計部門との初会合

開発・設計部門は開発購買とは何かを理解しておらず、必要性も感じていませんでした。調達・購買部門の組織変更が発表され、開発購買マネジャーのSさんが挨拶を兼ねて開発・設計部門の会議に参加すると、部門の課長クラスの人たちから、「開発に必要な部材の発注をしてくれないか」、「その納期管理をしてくれないか」、「支払手続きをしてくれないか」との依頼を受けました。この時の開発・設計部門は、自分たちの部材購入業務を手伝ってくれる専任購買組織ができたという程度の認識でした。

2．知識の拡充

開発購買の付加価値を開発・設計部門に認識してもらう必要性を感じたSさんは、開発・設計部門の部材へのニーズを理解するために、B製品事業部の製品ベース・機能ベースでの部品表、取引先リストなどのデータベースを作成することにしました。これにより、開発・設計エンジニアの言葉（製品の中の機能・部材）に、調達・購買の言葉（部材・取引先）を関連付けられると考えたからです。このデータベースをつくるプロセスで、製品の基本的な仕様・機能ブロックの働きなども学べました。

こうして、開発・設計部門の目指しているものがわかりやすくなった結果、毎朝の問題対応会議、定期的な中期開発会議などにも積極的に参加できるようになり、開発・設計部門とのコミュニケーションが改善されました。

3．開発・設計部門との連携拡充

開発・設計部門とのコミュニケーションの基盤がつくれたと考えたSさんは、この基盤に開発購買の付加価値を載せる必要性を強く感じていました。そのため

に、調達・購買のバイヤーが得意としていて、開発・設計のエンジニアがあまり得意でないところ、手が回らないところで貢献し、開発購買の付加価値を認識してもらおうと考えました。留意すべきは、エンジニアや開発・設計部門に役立つものであることです。

そこで、3つの取組みを始めました。1つ目は、製品の機能ベースでの部材情報・取引先情報の拡充です。既存の部材だけでなく新規開発部材、既存の取引先だけでなく新規の取引先情報、そして取引先市場での新規の技術開発情報です。これらの情報は、開発・設計エンジニアも集められますが、時間的な制限もあり情報量は限られます。一方、開発購買では、連絡している組織も既存・新規取引先、他の製品事業部と多岐にわたっています。また、数々の展示会への訪問など、情報収集できる時間と広さは比較になりません。

2つ目は、取引先評価の深化です。これまでエンジニアが行っていた製造現場の評価だけでなく、経営全般や財務診断も行い、エンジニアに報告・説明することにしました。

3つ目は、価格交渉です。開発・設計部門も製造コストの目標値を持っています。その目標達成に、調達・購買材料費の面から貢献するようにしました。ここでの強味は、他の事業部の採用情報と価格交渉のスキル・経験です。

このように、SさんはT君の助けも得て開発購買の付加価値と貢献を意識して開発・設計部門との連携を進めたため、徐々に信頼関係が構築されていったのです。

ただし、連携活動が比較的うまくいっている状況でも問題は起きます。例えば、開発・設計部門が開発購買に連絡なしに、ある部材を新規の取引先のものに決定しようとしていたのです。事前連絡がなかったので、Sさんは開発・設計部門の責任者にクレームをつけました。すると、その責任者は反発して、「開発購買からも、いつもちゃんとした情報が来るとは限らない」という主旨の発言がありました。Sさんは開発・設計部門を責めたことを反省し、言い合いを発展させず、開発・設計部門の責任者の言い分を聞き取りました。そして、後日、コミュニケーション改善の提案書を作成し、この責任者に送ったのです。

4．市場情報の収集と開発購買への関連付け

開発購買の活動の質を高めるためには、市場の動向を知ることも必要だと認識

していたSさんは、マーケティング・営業・商品企画が参加している既存の会議に参加させてもらうことにしました。新製品や競合会社の動向を知り、重要部品への影響を察知することが目的でした。

その会議や専門誌の記事などを参考に自ら家電販売店に足を運び、競合会社の新製品のカタログ収集なども始めました。また、会議の場では、市場や競合製品の新しい仕様に関連する重要部品の価格動向などを説明して、市場での今後の価格競争への参考情報として他の部門へインプットしました。

5．量産購買部門との関係

B製品事業部でのSさんとT君の開発購買活動が順調に進み始めたころ、ある種類の部材を調達・購買している課の課長から、一度自分の課とも打ち合わせをしてほしいとの連絡を受けたのです。Sさんは、前向きな提案などが出るのではないかと期待して会議に臨みました。

すると、そこでは、「知らないうちに取引先Cの部材が選定されていて量産立上げへの対応が大変だった」、「いままでに購入実績のないメーカーDがいつの間にか選定されている」、「新製品の今後の経過や量産立上がり時期がよくわからない」など、不満に満ちた意見が出されたのです。

開発購買マネジャーSさんは、それまでB製品事業部のトップと開発・設計部門しか見ていなかったことに気付かされ、開発購買の次工程でもある量産購買部門とのコミュニケーションの改善の必要性を強く感じたのでした。Sさんは、早急な対応策として、まずこの部材の量産購買課が毎週行っている定例会議に参加して、情報交換することにしました。

6．中期計画の策定と新しい組織体制

B製品事業部での開発購買活動開始から2年ほどたち、量産購買とのコミュニケーションも改善され、開発・設計部門と開発購買の連携の成果が評価されつつあったころ、開発購買活動に新たな転機が来ました。調達・購買部門長からSさんに、開発購買のあるべき姿、中期計画の草案を策定するようにとの指示が出たのです。また、B製品事業部での成果を評価した調達・購買部門長は、他の製品事業部でも同様な開発購買機能をつくることを決めました。こうして、A社における開発購買活動は、将来に目を向け拡充されることになったのです。

第7章 海外調達・購買

1. 本章の位置付けと趣旨

　本書の中でのこの章の位置付けは、序章「本書の概要」の 13 頁にある**図表序－1**に示した通りです。

　海外調達・購買は、QCD 要素のすべてに直接働きかける活動です。海外の優れた取引先からの先端部品の調達・購買、コスト削減、調達・購買リスクの低減などを図ります。取引先市場を海外まで広げ、異なる文化や商習慣の中で納期や価格などのリスクへ対応することを通じ、調達・購買組織やそこで活動するメンバーは、基本的な考え方を充実させ、グローバルな活動の感覚・常識を養います。

　この章では、海外調達・購買の目的と留意点を述べた後、海外調達・購買の具体的な業務プロセスを紹介します。その後、海外取引先との関係維持・改善について、国内取引先との違いを示しながら説明し、海外に部材を供給する際の留意点にも言及します。

2. 海外調達・購買の目的と留意点など

　ここでは、海外調達・購買の目的、形態について述べた後、文化・法規制の違いなど海外調達・購買を進める上での留意点をあげ、海外調達・購買組織である IPO についても説明します。

2.1　海外調達・購買の目的

　海外調達・購買の目的は、海外取引先の優れた品質、低いコスト、新技術・新製品開発力を自社に取り込むことですが、実質的には次の 3 つの観点から整理できます。

(1) コスト低減

　中国や東南アジア諸国の経済発展により、海外からの低価格の部材調達・購買

の機会が増えています。

(2) リスク対策

　緊急時や災害時などに、部材の調達・購買が困難になるリスクを低減することです。これは、広い意味での、取引先の多元化です。2000年代初期に発生した電子部品の逼迫や、東日本大震災による供給の停止などを経験した日本の製造業は、調達・購買のリスク・マネジメントの面からも、海外調達・購買を検討するようになりました。

(3) 高い水準の技術の取込み

　国内の取引先では供給できない部材を調達・購買し、海外の高い技術を取り込みます。例えば、アメリカやヨーロッパには、宇宙産業、航空産業、自動車（特に高級車）産業などを顧客とするハイテクの部品を開発・製造するメーカーが多くあります。そのようなハイテク部材の入手も、海外調達・購買の目的の1つです。

2.2　海外調達・購買の形態

　まず、「部材の調達・購買」があります。また、国内生産能力補充のための「工程の部分的な外注委託」と「一括生産委託」も調達・購買の一環と考えると、合計で3つの形態に分けられます。「工程の部分的な外注委託」と「一括生産委託」では、一部の部材を日本から供給する場合と、現地の委託先がすべての部材の供給を行う場合があります。

2.3　海外調達・購買の留意点

　日本国内での取引と比較して、海外調達・購買には、さまざまな注意が必要です。海外取引先は国内の取引先と比べて物流の距離が長く、品質も国内取引先と比べると課題が多いのが現実です。特に発展途上国の会社には、品質面であまり期待できません。

　一般的に海外企業と取引する際には、文化・商習慣、経済環境・労働環境、法規制などの違いや、日本語以外の言語によるコミュニケーション、取引通貨の為替レート変動、QCDリスク、貿易取引条件の解釈である国際規則インコタームズ、安全保障など非経済的側面を含むコンプライアンスの理解などの課題があります。

また、海外からの調達・購買には、国内取引の場合と異なる業者や行政機関が関与します。具体的には、次のような業者・行政機関です。
- ・輸出国の運送業者
- ・保険会社
- ・輸出国の税関
- ・船会社や航空会社（キャリアと呼ばれている）

さらに、海外取引先から自社までの輸入業務の特定部分を委託できるフォワーダーと呼ばれる業者もあります。また、海外調達・購買には、海外取引先から日本への輸入だけでなく、購買の形態により日本からの輸出（自社の海外生産拠点や海外下請け・EMSなどへの部材支給）も関連します。

2.4　国際購買事務所（IPO）の機能

IPOは、International Purchasing Officeの略です。ある国から海外の開発・生産拠点向けに、その国の部材や部材メーカー、技術開発に関する情報を提供したり、部材の供給をしたりする機能を持ちます。IPOにどのような機能を持たせるかは、通常、その会社の方針やIPOがある国の特性で判断されます。

IPOのサービス料は、年度ごとの契約に基づいて負担したり、調達・購買部材の単価に付加したりします。IPOのサービスを受ける場合は、この料金をコスト計算に加えなければなりません。

3. 海外調達・購買の実行プロセス

ここでは、部材の購買における引合いから納入、支払いまでの業務フローと各段階での留意点・リスクなどを説明します。

3.1　海外取引先の開拓
（1）非競合他社からの情報

競合しない他の会社や異なる部材を納品している取引先から、海外の優れた会社の情報が得られることもあります。実際の取引経験に基づいた実用性の高い情報です。さらに情報源を広げて、業界団体や地域の商工会議所などに問い合わせ

る方法もあります。

(2) 輸出振興政府機関

多くの国は、日本のJETROのような輸出振興政府機関を持っています。日本に事務所を置いていることも多く、自国で商談会を開催している国もあります。当該国への旅費や滞在費に特典を設けていることもありますので、当該国からの調達・購買を積極的に検討したい場合は、そのような特典を活用すれば、調査コストを下げることができます。

(3) 業界の展示会

業界ごとの展示会が定期的に開催されています。その展示会に海外の会社が参加する場合も多くみられます。メーカーや国別にコーナーが設けられて、会社や製品の情報が展示されています。積極的な展示はあまり多くありませんので、調査項目をあらかじめ整理しておき、情報を取る姿勢で訪問するようにします。

(4) 自社のホームページでの発信

ホームページを日本語に加えて英語でもつくり、調達・購買取引先を募る方法です。自社の調達・購買方針などを述べ、広く新規取引先を求めていることを印象付けて、どのような種類の部材を特に求めているのかを述べます。

(5) 商社などの活用

海外からの調達・購買を行っている、特定の種類の部材を専門とする商社などを利用する方法もあります。特に、調達・購買組織の規模が大きくない会社では、自社内の人材やノウハウなどの経営資源を補完する手段として有効です。

最終的には、候補取引先を訪問して、経営、品質、コスト、納期、設計・開発などの点から評価することが必要です。評価の項目については、第5章を参考にしてください。

3.2 引合見積り

(1) 引合条件の明示

引合見積りを取るために、取引先候補に以下のような引合条件を明示します。取引の実績もなく、引合条件を初めて提示する新規取引先候補とは、その前にNDA（Non Disclosure Agreement：秘密保持契約）を締結します。

① 仕様書の作成

調達部材の仕様を、英語などの取引言語で詳細に作成します。この仕様書が見積りの基盤となるので、細部まで漏れなく、英語などのビジネス言葉で表す必要があります。また、途中からの変更は価格アップや納期遅れにつながるおそれもあるので、引合時には、検討し尽くした仕様書を提出します。

生産の一部もしくは全体を委託する場合は、工程設計図も詳細に記述したものを作成します。このくらいのことは常識なので記入しなくてもいいだろうという考えは、海外調達・購買ではトラブルの原因になります。

② 数量と時期の明示

数量と時期を明示します。時期については、引合取引先工場出荷日、取引先国の海港・空港出荷日など、相手がコントロールできる形で示すことが必要です。例えば、自社の指定倉庫の到着日を指定するのは適切ではありません。日本の海港・空港に貨物が到着してから、日本での通関、指定倉庫までの国内輸送に何日かかるかは、引合取引先が詳細に調べないとわからないからです。

③ 定型貿易条件の要求

インコタームズに従った、EXW、FCA、CPT、DDPなどの定型貿易条件（Trade Terms）の要求を提示します。いくつかの例を、図表7－1に示します。この定型貿易条件により、売主（引合取引先）がどこまでの経費やリスクを負担するのかが明確になるので、見積価格の査定に影響します。また、貨物の引渡場

図表7－1　主なインコタームズの定型貿易条件（Trade Terms）

略語	記述	日本語表現	説明
EXW	Ex-works	出荷工場渡し条件	売主の工場などで買主に貨物を移転。以降の運賃、保険やリスクのすべてを買主が負担。
FCA	Free Carrier	運送人渡し条件	売主が輸出地での通関を済ませ、貨物が出荷地のコンテナヤードなどの指定された場所で買主が指定した運送人に引き渡された時までの費用とリスクを売主が負担。
CPT	Carriage Paid To	輸送費込条件	売主が出荷地のコンテナヤードなどの指定された場所で貨物を運送会社に引き渡した段階で買主へリスクの負担が移転。ただし、運送費用は売主が輸入地まで負担。
DDP	Delivered Duty Paid	関税込持込渡し条件	売主は指定された目的地まで貨物を届けるためのすべてのコスト（関税と租税を含む）とリスクを負担。

所や両者の履行義務も決まります。

インコタームズの各条件の後ろには、危険負担が海外取引先手配の運送人から、輸入者である自社手配の運送人に切り替わる場所（「引渡しの時期」といいます）を記載します。条件ごとに、原則として以下の場所になります。

- インコタームズE・F（例：EXW、FCA）グループの場合、輸出者である海外取引先会社からの引渡場所（例：工場、倉庫など）
- インコタームズC・D（例：CPT、DDP）グループの場合、輸入者である自社の引受場所（例：倉庫、生産拠点など）

④ 支払条件（代金決済方法）の決定

海外への支払条件（代金決済方法）は、「送金」（主に電信送金）によるものと、船積書類を関与させるものがあります。そして、インボイス日付後30日以内の電信送金（TT Remittance）など、支払猶予期間（ユーザンス）をつけます。これにより、支払いのタイミングが決まります。

輸入者のリスクは、前払いが高く、後払いが低くなります。海外取引先が前払いを要求した場合は、LC決済や代金の一部を後払いにする方法を交渉し、リスクを小さくすることも必要です。

海外への支払条件（代金決済方法）の例は、**図表7－2**の通りです。

(2) 見積りの入手と確認

見積りを入手したら、付随して書かれている条件を念入りに吟味します。ここには、引合いで示した仕様、建値、支払条件の他に、納期、品質条件、最小数量などが示されています。これらは、取引が成立した場合の契約内容にも関連しますので、不明点は明確にし、自社の要求と異なる事項があれば、合意を図っておくことが必要です。

(3) 見積りの評価

① 輸入関連費用の算入

内容の不明点や自社要求との不一致などの課題が解決され最終的な見積りが提示されたら、評価を行います。ここでの評価は目標価格との比較であり、国内を含む他の取引先候補の価格との比較でもあります。

工場出荷価格が日本の取引先候補と比較してかなり低くても、海外からの輸入には**図表7－3**のような関連費用がかかるので、これらをすべて加算して、複数

図表7－2　主な海外への支払条件（代金決済方法）

代金決済方法		概　説	輸入者の利点	輸入者のリスク
電信送金 TT；Telegraphic Transfer		輸入者の取引銀行を通じて輸出者の口座に送金する。輸入者が貨物の受取りに必要とする船積書類は、輸出者から輸入者へ直接送られる。	手続きが簡単でコストが低い。	前払いの電子送金の場合、納期、数量、品質などが契約通りに行われないリスクがある。
信用状（L/C）ベース LC；Letter of Credit		輸入地の銀行が輸入者の依頼を受けて発行する信用保証の証書（信用状）で支払いを確約する。輸入者は貨物の受取りに必要な船積書類を取立銀行から受け取る。	船積書類の内容が銀行によってチェックされるので、輸出者の不正を防ぐ効果がある。	支払いに関連するコストが高い。輸入者が船積書類を受け取るまでの期間が比較的長い。
取立取引（B/C）ベース B/C；Bills for Collection	D/P；Documents against Payment	輸入者の支払いに対して、船積書類は輸入代金を決済する銀行から輸入者へ引き渡される。	船積書類の輸入者への引渡しに輸入代金の決済銀行が関与することは信用状ベースの決済と同じだが、信用状作成の手間がかからずコストも低い。	輸入者は、貨物と引換えに支払いを行うわけではないので、契約と異なる品質のものが送られてくるリスクがある。
	D/A；Documents against Acceptance	輸出者が振り出した為替手形を輸入者が引き受けた場合に、船積書類は輸入代金を決済する銀行から輸入者へ引き渡される。		

（備考）L/C ベース決済が必要ない場合は、TT が簡単で低コストである。しかし、入出荷と代金の受払いの関係を個別に明らかにしたい場合や、海外取引先（輸出者）の為替管理上の要請がある場合は、B/C ベースの D/P や D/A が用いられる。

の取引先候補からの価格を同じベースに換算して比較しなければなりません。

定型貿易条件（Trade Terms）により、海外調達・購買品の単価に追加する輸入関連費用は異なります。例えば、売主の国際取引条件の価格がインコタームズの EXW の場合は、この表にある輸入関連費用項目はすべて EXW 価格に含まれませんが、DDP 価格の場合は、すべての費用項目が含まれます。輸出国の規則により異なることもあり、法令などの変更で関連費用が変わることもありますので、最新の費用項目については輸入業者に確認してください。

② **自社からの支給部材がある場合**

自社が製造している部材や海外取引先が調達・購買できない部材を、自社から海外取引先に供給する場合があります。このような場合には、図表7－4に示すような費用が発生します。

これらの費用は、支給部材の定型貿易条件により、自社が負担するのか、海外

図表7－3　海外調達・購買製品の輸入関連費用

1	海外取引先現地国内費用
1.1	集荷関連費用
1.2	国内輸送費用
1.3	空港・海港での貨物取扱いに関する費用
1.4	輸出通関連費用
1.5	その他の輸出国費用
2	国際輸送費
3	日本国内費用
3.1	空港・海港での貨物取扱いに関する費用
3.2	貨物検査費用
3.3	輸入通関手続き費用
3.4	関税
3.5	国内輸送費用
3.6	その他の国内費用

図表7－4　自社からの支給部材がある場合の発生諸費用

1	日本国内費用
1.1	集荷関連費用
1.2	国内輸送費用
1.3	空港・海港での貨物取扱いに関する費用
1.4	輸出通関連費用
1.5	爆発物検査費用
1.6	その他の日本国内（輸出地）費用
2	国際輸送費
3	海外取引先現地国内費用
3.1	空港・海港での貨物取扱いに関する費用
3.2	貨物検査費用
3.3	輸入通関手続き費用
3.4	関税
3.5	現地国内輸送費用
3.6	その他の（現地、輸入国）費用

図表7－5　海外調達・購買価格と国内調達・購買価格の比較表

	国内取引先候補 (　　　)	海外取引先候補 (　　　)	海外取引先候補 (　　　)
見積通貨	円		
インコタームズ			
材料費			
加工費・管理費			
償却費			
運送費（国内取引） 輸入関連費（海外取引）			
支給品輸出関連費			
その他の海外取引面のコスト (現地IPOコストなど)			
合　計			

為替レート
1）比較に使用する為替レート
2）分岐点為替レート
＊分岐点為替レート：国内取引先の見積りと海外取引先の見積りが同じになるレート

取引先が負担するのかが決まります。海外取引先が負担する場合は、その取引先の見積価格に含まれると考えられます。どちらが何を負担するのかよく理解し、コスト計算にすべての費用を算入して、正しい価格評価をすることが必要です。法令などの変更で関連費用が変わることもありますので、最新の費用項目については輸出業者に確認してください。

③ **総合評価**

海外・国内の取引先候補の総コストを、図表7－5のような表を用いて比較します。この表での輸入関連費は、海外取引先候補から出荷した後のすべての費用で、国内輸送費、国際輸送費のほかに空港・海港関連費用、通関費用、関税なども含みます。外貨取引の比較を円で行う場合は、交換レートを設定して計算しますが、国内取引先の価格と比較して、為替レートによる価格メリットを過大に認識しないよう留意することが必要です。

3.3　取引成立・契約締結・発注

海外の新規取引先との取引が成立したら、取引先に仕様書を発行してもらい、サンプル評価をし、契約書を交わします。さらに、注文書を発行し、出荷に向け

て海外取引先での生産が開始されます。

国内での取引先との購買契約書と異なり、海外取引先との契約書ではあいまいな表現は避けます。国内での契約書によく見られる「問題が生じたときは、誠意を持って協議する」というような条文は意味がないと考えるべきでしょう。

海外取引先との契約書には、国内取引先との契約書にはない次のような事項を盛り込みます。納期や品質、問題発生時の対応に関しては、具体的に契約で決めておくようにします。海外は原則的に契約社会なので、契約したこと以外は実行されないと考えておいてください。

(1) 海外取引先との契約書に記載すべき条項

① 梱包と印字

貨物を運送する梱包の仕様と、梱包上の印字内容を指定します。2国間の海上輸送や航空輸送に耐える梱包仕様を指定し、梱包上の印字も買手が受け取り次第、すぐ識別できるものを指定することが必要です。

② 不可抗力

火災、洪水、地震などによる遅延や不履行については、売手も買手も責任を持たない旨を明記します。

③ 契約書の内容が唯一の合意事項であること

契約書を交わすまでにメール、会議などで諸々の合意をしていると考えられますが、この契約書に述べられている事項が唯一の合意事項となることを明記します。

④ 両者の取引上の関係

当該契約の締結が、合弁事業を意味するものではないことを明記しておきます。

⑤ 仲裁（紛争が生じた場合の判断のよりどころ）

売手と買手の間に紛争が生じた場合の仲裁のよりどころとなる国連の条約や、2国間の合意を規定するものを明記します。

⑥ 言語

契約に用いる言語を指定します。

⑦ 準拠法

契約の解釈などの根拠となる法などを指定します（国連の協定や第三国の法令を指定することもありますが、売手は多くの場合、自国の国内法を主張してきます）。

(2) 覚書などによる仮契約

契約書の締結の討議に時間がかかり、出荷後にずれ込む可能性がある場合は、簡易な覚書（英語では、Letter of Intent ということが多い）を結び、出荷引取りを事実上開始する対応も必要になります。この覚書の条項の例は、次の通りです。

- ・発注と受領および内示
- ・価格
- ・納入
- ・支払い
- ・品質保証
- ・製品ならびに部材の在庫
- ・守秘義務

(3) 契約書、簡易契約書の内容チェック

契約書、簡易契約書の内容は、品質関連部分は品質保証部門、全般は法務部門もしくは顧問弁護士のアドバイスを受けてチェックします。この旨を、社内規定で定めている会社も多いと思います。

3.4 調達・購買品と書類の流れ

(1) 調達・購買品の流れ

海外取引先からの調達・購買品の流れは、図表7－6で示す通りです。

図表7－6　海外からの調達・購買品の流れ

出荷⇒国内輸送⇒通関⇒混載仕立て⇒輸送（船便・航空便）⇒混載仕分け⇒通関⇒国内輸送⇒入荷

(2) 関係書類の種類とその流れ

次のような書類が海外取引先から発行されますが、船便輸送と航空便輸送では書類の流れが異なります。船便輸送では、調達・購買品とは別便で書類が送られてきます。航空便では、調達・購買品と同じ便に搭載されて送られてきます。

① Commercial Invoice（商業送り状）
　出荷案内書と代金請求書の役割があります。品名、数量、単価、金額、注文番号、支払条件などが記入されています。
② Bill of Lading（B/L）船荷証券
　輸出者が運送人との契約に基づき貨物を船積みまたは受け取ったことを証するもので、目的地において受取人に引き渡すことを約束した有価証券です。航空便の場合は、Air Waybill と呼びます。
③ 保険証券
　保険を輸出者が付保する場合は、この保険証券が輸入者である自社に送られてきます。
④ その他の書類
　この他に包装、個数、重量などを記載した Packing List（梱包明細書）、輸入国の税関に提出する Customs Invoice（税関送り状）、輸出品の原産地を示す Certificate of Origin（原産地証明）などがあります。
　なお、支払いが電信送金の場合は、買主から売主に直接支払われるため、これらの船積書類・有価証券の原紙が、売主に直接送られてきます。

3.5　支払い
　合意された支払条件に従って、取引先に料金を支払います。

3.6　部材輸出供給
　自社から海外取引先に部材を供給する場合、以下のようにコストへの影響を合理的に把握し、コンプライアンス（法令などの遵守）にも配慮することが必要となります。
（1）コスト把握
　有償供給か無償供給かにより、海外取引先から自社が調達・購買する最終部材・製品の価格に影響が出ます。無償供給の場合は、海外取引先の財務コストは不要になるので、有償供給の場合と比較して、最終見積価格は低くなるはずです。
　また、有償・無償にかかわらず、自社から海外取引先までの物流、通関などの諸費用を把握し、トータルコストを正しく認識しなければなりません。

(2) コンプライアンス（法令などの遵守）

① 安全保障輸出管理の遵守

安全保障輸出管理では、リスト規制やキャッチオール規制などの面から、供給品を輸出前に判定をすることが必要です。詳しい判定方法などは、第10章を参照してください。

② 日本での輸入通関時の正しい価格申告

自社からの無償供給部材があった場合は、海外取引先からのインボイス価格に、この無償供給部材の金額を加算して輸入申告しないと違法になります。加算する金額は、その無償供給部材の価格とそれを海外取引先まで運ぶ物流費などの諸費用を合計したものが適当ですが、税関やフォワーダーに問い合わせ、最新の法令で指定された計算方法によって輸入申告してください。

4. 海外取引先との関係改善・維持

海外取引先との地理的な違いによるコミュニケーション上の課題に対応するために、次のような具体的な対応が必要です。また、文化の違いから、マネジメント面で国内での取引とは異なる留意も必要となります。

海外企業との取引では、契約内容が取引の基盤なので、国内取引先には通じる商慣習やあうんの呼吸は通じないばかりか、取引センスや商道徳を疑われ、関係の改善・維持は困難になると考えるべきです。

4.1 テレビ会議・電話会議

メールの交信だけで、取引先との信頼関係を築くのは難しいのが現実です。しかし、国内取引と異なり、頻繁に特定の場所に集まり顔を合わせた会議を持つことはできません。そこで、比較的容易にメール以上のコミュニケーションができる手段として、テレビ会議や電話会議を活用するといいでしょう。相手の姿を見たり、声を聴いたりすることにより、コミュニケーションを深めることができます。

4.2 計画的訪問

主要な取引先や戦略取引先には定期的に訪問をして、実績のレビューや今後の

取引関係について打ち合わせをしましょう。その際の議事としては、次のようなものが考えられます。

（1）取引の振り返り
次の項目につき、これまでの取引を振り返ります。
- 品質実績
- コスト低減への協力度
- 納期遵守度
- コミュニケーションでの応答性
- その他

（2）生産ラインの視察
通り一遍の視察ではなく、5S、作業指示書、従業員の勤務態度などを注意深く観察することも必要です。これらのチェックポイントをリスト化しておくと有効です。

（3）将来に向けた取引への情報交換
自社からは事業戦略、新製品・新ビジネスなどの情報を提供し、取引先からは経営戦略、新製品・新技術などの情報を得ます。

海外企業はトップダウンの経営をしているところがほとんどなので、訪問時には関連部門のマネジャー、担当者だけでなく経営者とも会うようにして、経営戦略、新製品・新技術などについて、直接考えを聞くことが重要です。

この定期訪問には、担当者だけでなく上位職者、取引先の重要度や議事内容によってはマネジメントも参加することが大切です。

4.3 合意事項の文書での記録

計画的な訪問によるミーティングだけでなく、テレビ会議や電話会議で合意した事項は必ず書面化しましょう。海外取引先が相手の場合は、言語などコミュニケーション上の問題による合意内容の誤解を避けるためにも、議事録などによる合意事項の書面化は不可欠です。

4.4 オーナーの変更による経営への影響

経営のグローバル化に伴い、国境を越えた会社や事業の買収が起きています。

こうした買収や合併により会社のオーナーが変わると、経営方針にも影響が出て、調達・購買部材の生産停止や取引縮小・停止という事態も発生します。このような変化による悪影響を避けるために、代替取引先候補、代替品候補を平常時に探しておくことが必要です。

5. 駆動三要因を発揮・強化するためのアドバイス

海外調達・購買は、調達・購買の目的すべてに関与する総合的な業務です。そのため、幅広い分野が関連しています。また、海外との取引には国内取引以上に留意しなければならない点があります。この広範囲性と特殊性を十分理解して、3つの駆動要因を発揮し強化することが求められます。

5.1　顧客志向

文化、商習慣などが異なるため、自社の顧客が海外の取引先に不安を持つ可能性があります。この不安を払拭するための情報提供と説明が必要です。

全般的には、その海外取引先の日本企業との取引実績、自社での監査結果など数値や事実で説明することが必要です。その顧客が監査をする場合は、取引先と十分準備をしなければなりません。具体的な対応は、営業部門と協調して進めるようにします。

また、国内取引の場合と比べ、品質への留意が重要です。顧客の安心感を得るように品質関連部門や営業部門と十分協議して、取引先の品質管理・保証体制、緊急時の対応管理などを十分説明できるようにします。

海外調達・購買には、国によりストライキの頻発、政情不安、災害など納期遅れにつながるリスクが存在します。こうした事態への対応策も求められます。具体的には、在庫を余分に持っておくなどの対策が必要です。

5.2　調達・購買部門の存在感

次のような手段で、調達・購買部門のプロフェッショナリズムをアピールし、存在感を高めましょう。まず、輸入申告、安全保障輸出管理などを通じ、物流やコンプライアンスに関する知識をアピールします。また、海外取引先からの訪問

者への応対を通じ、国際性やスタッフの語学力をアピールしましょう。普段から、取引先、顧客、商社などで海外取引の多い会社に国際性のアピール方法を学んでおきましょう。

5.3 自らの人材価値

海外取引のスキル・知識を強化する方法には、次のようなものがあります。
- 特定の課題を持って税関をフォワーダーと訪問し、税関スタッフと面談をして輸入業務に携わる組織についての知識を深化させる。
- JETROなどの機関が提供するサービスや情報を、グローバル購買業務で活用する方法を探る。
- 社外の輸出入業務に関するセミナーを受講する。特定のフォワーダーのサービスを頻繁に利用している場合は、その会社のスタッフを講師に招き、社内セミナーを開催する。
- コンプライアンスの1つである安全保障輸出管理の実行を通じ、実務知識の強化を図る。
- 新規海外取引先の体制評価を通じ、海外調達の特徴と留意点を理解する。
- 英語能力を強化する（TOEICの得点目標を設定）。

◎事例紹介

為替レートの変動による輸入部材の価格上昇への対応事例を紹介します。

A社では、海外からの調達・購買の比率が高く、通貨としてはほとんどUS$で契約し調達・購買しています。ここ半年ほど、対US$で20％円安になり、調達・購買部材のUS$価格は変わらないのですが、US$ベースで調達・購買している部材の合計材料費が、半年前と比較して、円ベースで15％ほど上昇してしまいました。

そこで、A社の購買・調達部門はいくつかの対応を取りました。そのうちの1つは、海外からの調達・購買金額が最も大きい取引先B社との価格交渉です。海外のC国にあるこのB社からは、複数の部材で組み立てられている部品DをUS$建てで大量に輸入調達・購買しています。この部品の円ベースでの価格は、

半年前より 20％値上がりしていることになります。

そこで、次のような調査・検討を行い、対策を講じました。

[調査事項]
- C国の通貨と US$ の為替レートのこの数ヵ月の推移
- 部品Dの原材料のうち日本製のものの比率

[調査結果]
- C国の通貨は US$ に対して、この半年ほど高めに推移しており、円とほぼ同じ動きをしている。
- 部品Dの原材料のうち、日本製のものの比率は 70％を占めている。

[B社との価格交渉]

A社は、これらの調査結果をもとに次のような主張をし、現地に赴き価格交渉を行いました。
- この半年、円は US$ に対して 20％弱くなっている。
- C国の通貨も、US$ に対してこの半年間で約 18％弱くなっている。よって、材料費以外のコスト（製造原価や販売管理費など）は、US$ ベースで 18％下がっている。
- 日本製の材料も 70％ある。この部分の材料費は、US$ ベースでこの半年で 17％下がっているはずである。

これらの主張に対して、B社はA社の実態を理解しながらも、データを示しながら、自社の置かれている実情を次のように説明しました。
- 現地の諸経費も人件費を中心に上昇している。
- 日本製の部材を使っているが、50％は契約通貨が US$ なので為替変動の影響は全体的なものではない。
- 日本円の契約価格で購入しているものもあるが、数ヵ月分の材料在庫があるため、実際のコスト変動が反映されるまでには時間がかかる。

[合意内容の概要]

数日間にわたる交渉の末、次のような合意となりました。
- 20XX 年 Y 月 1 日付以降のインボイス価格を現行より 10％引き下げる。
- 6ヵ月後に、為替レートの動向をみて、再度価格交渉をする。
- 価格レートの変動による単価設定に関する討議を速やかに開始する。

第8章 リスクマネジメント

1．本章の位置付けと趣旨

　本書の中でのこの章の位置付けは、序章「本書の概要」の13頁にある**図表序－1**に示した通りです。

　リスクマネジメントを適切に実行することにより、自社製品の納期の遅れや品質問題などを回避し、顧客満足の維持を図ります。コスト上昇も最小限に抑えて、自社の利益への悪影響を最小限に抑える管理活動でもあります。

　この章では、まず一般的なリスクマネジメントについて説明した上で、調達・購買業務におけるリスクマネジメントの進め方を紹介します。

2．リスク対応の流れとBCM／BCP

　リスクとは、企業などの収益や損失に影響を与える不確実性のことであり、これを管理するのが、リスクマネジメントです。

　リスクは、次の2つに分類されます。1つは損失のみが発生するリスクで、純粋リスクと呼ばれるものです。企業の資産、売上、人材などの経営資源に損失をもたらします。もう1つは、ビジネスリスクと呼ばれ、企業の資産、売上、人材などの経営資源に、損失だけでなく、利得の機会をもたらします。調達・購買のリスクは、前者の純粋リスクに分類されます。

2.1　リスク対応の基本的な流れ
（1）リスクの洗出し
　まず、聞き込みやアンケートによりリスクを調査し、洗い出します。洗出しをする際には、どの分野のリスクを対象にするのか、カテゴリーを特定することが必要です。本書で扱う調達・購買のほか、リスクマネジメントの一般的な対象としては、地震災害、火災事故、財務、人事などがあります。

(2) リスクのマッピング

洗い出したリスク項目のそれぞれについて、損失発生の頻度と強度を予測し、図表8-1に示したリスク・マトリックスの4部分のどこに相当するのか判断します。

図表 8-1　リスク・マトリックス

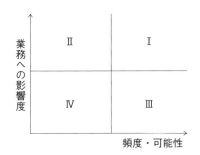

Ⅰ：大きな脅威となる高リスク項目
Ⅱ：発生した場合インパクトの高い項目
Ⅲ：発生の可能性は高い項目
Ⅳ：優先度の低い項目

(3) リスクへの対応

マッピングしたリスクの発生頻度や可能性を下げたり、リスク発生による影響を小さくしたりする対応をします。この対応には、次の6つの方法があります。

①**避ける**：リスクの原因をなくす
　例）ある国の会社との契約はしない。
②**移す**：移動してリスクの強度を下げる
　例）コスト競争力激化・市場変化に備え生産の一部を海外へ移す。
③**散らばす（離す）**：リスクを分散して強度を下げる
　例）本社機能のある場所と生産工場の場所を分離する。
④**減らす**：リスクの頻度を下げる
　例）品質担当の責任者・担当を教育して品質問題発生を低くする。
⑤**補う**：バックアップする
　例）停電にそなえ、自社工場内に発電装置を設置する。
⑥**強める**：リスク耐久力を高める
　例）同業他社を吸収・合併する

2.2　BCMとBCP

これまで、個別のリスクの洗出しとそのリスクへの対応手法について説明しま

した。しかし、リスクへの対応策を講じても、事業が中断してしまうことがあり得ます。特に、地震や火事などの災害については、事業への影響が出ることを想定した対策が必要になります。これから述べるBCMとBCPは、そうした事態に対応するための管理手法です。

BCMは、災害などにより事業が中断した時に、事業の継続を図り、ダメージを最小化させる手法です。また、BCPは、BCMの管理手法のもとに作成される具体的な行動計画のことをいいます。この2つは、ISO22301：2012で、次のように定義されています。

(1) BCMとBCPの定義
① BCM（Business Continuity Management：事業継続マネジメント）
BCMは、「組織への潜在的な脅威、及びそれが顕在化した場合に引き起こされる可能性がある事業活動への影響を特定し、主要なステークホルダーの利益、組織の評判、ブランド、及び価値創造の活動を保護する効果的な対応のための能力を備え、組織のレジリエンスを構築するための枠組みを提供する包括的なマネジメントプロセス」と定義されています。

② BCP（Business Continuity Plan：事業継続計画）
BCPは、「事業の業務の中断・阻害に対応し、事業を復旧し、再開し、あらかじめ定められたレベルに回復するように組織を導く文書化された手順」と定義されています。

(2) BCM構築の流れ
BCMでは、PDCAのサイクルを回して事業継続能力を高めていくことが必要です。図表8－2に、BCMの構築と継続的な改善のサイクルを示します。

図表8－2　BCM構築の流れ

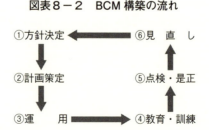

①の方針決定では、取締役会などでトップがBCMに取り組む決意を表明し、BCMの目的や、訓練などを通じた社内への周知、定期的な見直しなどを行うことを決定します。

②の計画策定では、災害の特定、発生時の影響度、被害想定を行った上で、BCPを策定します。BCPには、事業継続の他に、社員の安全確保、オフィスの災害軽減、2次災害防止などの対策を盛り込みます。

また、③の運用では、BCP実施のためのマニュアルを作成するとともに、財務的準備などを行い、BCPの実効性を向上させます。次に、④の教育・訓練を行い、⑤点検・是正が必要な箇所を発見して、⑥見直しを実施します。

(3) BCP策定の手順

BCPを策定するための第1ステップとしては、ボトルネックを特定して、事業プロセスの弱点や組織の相互依存関係などを分析します。ボトルネックとは、復旧時間の短縮や目標復旧時間の達成を阻害する要因のことです。それを念頭に置いてBCPを策定し、策定後は社員への教育やシミュレーション、訓練などを通じて継続的な改善を図ります。

BCPを時系列で概観すると、図表8-3の通りとなります。

それぞれの段階での活動は、次の通りです。これらの活動を通じて、全面復旧までの時間を短縮し、経営・事業活動のレベルの低下を小さくします。

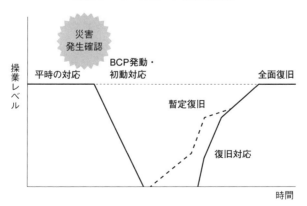

図表8-3　BCPの時系列概観

① 平時の対応（災害発生に備えて日ごろから実施すべき対応）
　（ア）運用体制確立
　　マニュアルを作成し、訓練を実施して改訂・整備します。また、連絡手段や連絡体制を構築します。
　（イ）事前対策実施
　　代替・冗長性などによるリスクを低減する策を講じます。
② BCP発動・初動対応（災害発生時に速やかに取るべき対応）
　（ア）被災軽減緊急措置
　　火災が発生した場合には、消火、緊急避難などを実施します。
　（イ）組織立上げ
　　対策本部の立上げ、人員などの緊急動員を実施します。
　（ウ）情報収集
　　社員の安否確認、被災状況、事業の停止状況などの情報を収集します。
　（エ）業務対応実施
　　対応方針決定、優先順位と復旧目標の決定を行い、初期対応を実施します。
③ 暫定復旧（代替手段・拠点などで優先順位に従って業務を再開）
　（ア）代替手段による業務再開
　　代替とした本社機能・事業拠点で業務を再開します。
　（イ）最も優先度が高い業務の再開
　　事前に検討した業務の優先度に従って、最も優先度が高い業務から再開していきます。
　（ウ）経営資源シフト
　　優先度の高い業務へ、人材などの経営資源を重点配置します。
　（エ）進行状況の確認
　　対策本部などが中心となって、復旧状況を確認し、必要に応じて追加対策を取ります。
④ 復旧対応（完全復旧に向けた活動対象業務の拡大）
　（ア）復旧活動の拡大
　　復旧対象業務を、優先度が高くない分野まで拡大します。
　（イ）全面復旧時期の検討・決定

復旧が進んできたら、全面復旧の時期を検討・決定し必要な準備を進めます。
(ウ) 社会・取引先への支援
　系列会社、取引先から社会全体や地域へ、支援活動の範囲を広げます。
⑤　**全面復旧（通常の事業活動への復旧）**
　平常運営への復旧、すなわち、人材、組織、システムなどの経営資源が平常に戻された状態です。

3. 調達・購買のリスクマネジメント

　ここまで述べてきたリスクマネジメントの基本的な考え方をもとに、調達・購買業務でのリスクマネジメントを具体的に考察します。

3.1　調達・購買リスクの特徴

　調達・購買のリスクはビジネスリスク（利得の機会もあるリスク）ではなく、すべて純粋リスク（損失のみをもたらすもの）なので、商機の喪失（売上減）、コストアップ（利益減）、会社イメージの悪化などの結果を招きます。

3.2　調達・購買リスクの調査

　調達・購買リスクの調査においては、調達・購買部門をはじめ、営業部門、生産部門、開発・設計部門、品質部門などのメンバーによる打ち合わせを主体に、元調達・購買部門のベテラン社員などへも聞込みを行い、内容を補充するといいでしょう。調達・購買のリスクは、外部環境に関わるもの、取引先に関わるもの、自社に関わるものの3つに分類されます。この分類ごとに打ち合わせや聞込みをすると、効率的な調査が実行できます。この分類ごとのリスクには、**図表8－4**に示すようなものがあります。

3.3　調達・購買リスクのマッピング

　リスク調査であげたリスク項目を、強度と頻度のマトリックスでマッピングした例を、**図表8－5**に示します。この例を参考に、自社で洗い出した調達・購買リスクをマッピングしてください。

図表8－4　調達・購買リスクの分類

外部環境	自然災害、火災、国家・政情不安、市況変動、通貨レート変動
取引先関係	法令違反、禁止物質使用、特許違反、契約不履行、吸収合併、倒産・廃業、事業撤退、要職者の退職、生産工場などの事故、システム故障
自社関係	企業倫理違反、調達・購買部品の不適切要求仕様、調達・購買部品の設計ミス、発注ミス

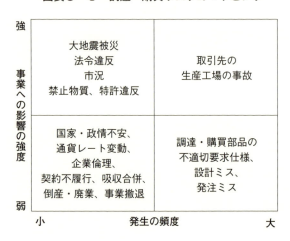

図表8－5　調達・購買リスクのマッピング

3.4　調達・購買リスクへの具体的対応

　調達・購買業務におけるリスク対応について、前述した一般的な対応の区分に従って、例をあげて紹介します。

①**避ける**：リスクの原因をなくす
　例）事業撤退の可能性が高い会社の部品は採用しない。

②**移す**：移動してリスクの強度を下げる
　例）部品の安全在庫を持ち、需給逼迫などにより部品の納期が遅れても、自社製品の製造を継続する。

③**散らばす（離す）**：分散してリスクの強度を下げる
　例）ある部品を2社から調達することにより、1社の工場の事故などで供給が

停止しても、もう1社から部品の供給を受けられる体制をつくっておく。
④**減らす**：リスクの頻度を下げる
　例）一定期間前（例：1ヵ月前）に納期確認のためのリストを取引先に送り、回答を得ることにより納期遅れ発生の頻度を下げる。
⑤**補う**：バックアップする
　例）取引先の成型部品メーカーが倒産しても、金型を移行して別の会社で生産を継続する。
⑥**強める**：リスク耐久力を高める
　例）安全在庫を取引先の商社やメーカーにも所有してもらい、突発事故などで部品メーカーの生産が停止しても供給を続けられる期間を、自社だけにしか在庫がない場合より長くする。

3.5　調達・購買のBCMとBCP

　調達・購買のリスク対策を取っても、部材の供給が停止する可能性は残ります。BCMを調達・購買業務の視点からみると、部材供給を継続させるための管理手法になり、BCPは調達・購買BCMの管理手法のもとに作成される具体的な行動計画のことになります。

（1）調達・購買のBCM

　調達・購買のBCMも、基本的な構築の流れは、全社的なBCMと同じです。PDCAサイクルを回していくことが必要な点も共通します。

（2）調達・購買のBCP構築の手順

　調達・購買のBCP策定においても、全社的な場合と同様、まずボトルネックを特定して、調達・購買プロセスの弱点や取引先との関係などを分析します。それを念頭にBCPを策定して、策定後は調達・購買部門関係者への教育・訓練などを通じて、継続的な改善を図ります。

① **調達・購買ボトルネックの特定と分析**

　大災害や供給市況などの外部環境により、調達・購買で引き起こされるリスクは部材の納期問題です。具体的には、納入の大幅な遅れや停止といった事態です。そこで、BCP策定に際し、ボトルネック部品の特定と対策、活動の優先順位付け、目標復旧時間の設定などを行い、納品が全面復旧するまでの時間を短縮

させます。

(ア) 分析方法

　要因を部品ごとに点数付けして、調達・購買リスクのインパクト（影響）を把握します。要因の例は、次の通りです。自社の方針、業界や部材の種類などにより、対象とする要因をこの中から選んだり、追加したりします。

　　・復旧リードタイム（必要日数）
　　・非標準部品か否か
　　・代替生産（取引先を変えずに生産場所を変える）の可否
　　・代替生産の立上げリードタイム（必要日数）
　　・他の取引先の有無
　　・代替品検討のリードタイム（必要日数）
　　・代替品生産の立上げリードタイム（必要日数）
　　・その部材を構成する原料の特定企業による独占度

(イ) 分析結果からの対策例

　対策の例としては、次のようなものがあります。

(ⅰ) 安全在庫の所有と在庫数量の決定

　（ア）で検討した影響が大きいものほど、多くの安全在庫を所有することが必要です。

(ⅱ) 代替品検討優先順位の決定

　代替品生産メーカーが少なかったり、代替品の検討や生産により多くの日数がかかったりするものを優先します。

② BCPの時系列概観

　全社のBCPについては、既に概観しました。調達・購買業務でも考え方は同じなので、説明を繰り返しませんが、それぞれの段階での項目を、figure表8－6に示しました。

　次に、各段階での具体的な対応例をあげておきます。これを参考にして、業界や部材の種類などに沿った具体策を策定してください。

(ア) 「平時の対応」の具体例

　　・安全在庫の保持
　　・代替部材とその取引先の評価・選定

図表8-6 調達・購買BCPの時系列概観

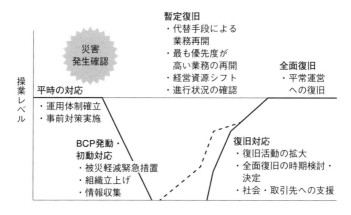

・代替候補会社との関係強化
（イ）「初動対応」の具体例
・該当部材の特定
・被災状況の確認（稼働状況・供給可否・保有在庫・復旧見込み）
（ウ）「暫定復旧」の具体例
・代替部材の使用開始を顧客へ通知
・代替取引先への並行発注による部材確保

図表8-7に、調達・購買のBCM／BCP簡易ガイドツールを示しました。ただし、このツールに必要事項を記入するだけで、調達・購買のBCM／BCPが完成するわけではありません。リスクマネジメントに関する全社の方針と調達・購買部門の方針がまず基盤として必要です。こうした基盤をつくった上で、このツールを参考にして、調達・購買のBCM／BCPを策定し、活用してください。

③ BCP展開のためのマニュアル作成

調達・購買業務でのBCPを有効に展開するためには、マニュアルの作成とその継続的な整備・改善が必要となります。このマニュアルに記載すべき主要項目の例は、次の通りです。
・平常時、災害発生後の各段階のアクション事項とその担当者
・緊急対応チームの組織と役割
・1次サプライヤー、2次以降のサプライヤーの本社と工場所在地

図表8－7　調達・購買のBCM／BCP簡易ガイドツール

対策項目	ガイドライン	調達・購買部門の対応事項	成果物
方針ならびに対策本部	BCP作成の前に、方針を策定し、対策本部の組織を決定する		
ボトルネック	1社依存の部材、代替取引先の開拓が困難な部材を特定する		
平時の対応	・運用体制確立 ・事前対策実施		
初動対応	・被災軽減緊急措置 ・組織立上げ ・情報収集		
暫定復旧	・代替手段による業務再開 ・最も優先度が高い業務の再開 ・経営資源シフト ・進行状況の確認		
復旧対応	・復旧活動の拡大 ・全面復旧の時期検討・決定 ・社会・取引先への支援		
全面復旧	平常運営への復旧		
訓練、点検・是正、見直し	規定を策定		

・安全在庫の設定方法とメンテナンス

・代替品の一覧表

　一覧表には、部品番号、メーカー納期、評価完了有無、メーカー（本社・工場）・商社の所在地を記入します。

3.6　調達・購買部門のリスクマネジメントの課題

　調達・購買のリスクマネジメントをより実効性の高いものとするには、取引先との連携・協力が欠かせません。大地震などの規模の大きい災害が起きた場合は、1次取引先だけでなく、2次取引先、3次取引先など、複数の取引先に影響が及びます。そのため、それらの取引先に働きかけて、リスクマネジメントの現状を調査し、状況に応じてアドバイスを行うことも必要になってきます。

　そのためには、自社の顧客への不利益を最小化するための体制づくりが欠かせません。これがあってはじめて、取引先への説明が説得力のあるものとなり、有

効性のある連携と協力が可能になるのです。

4．駆動三要因を発揮・強化するためのアドバイス

　調達・購買部門のリスクマネジメントは、他の部門と連携して会社の事業を継続し、顧客への悪影響を最小化する管理活動です。顧客志向を軸に、他部門と連携する中で、調達・購買部門の存在感を示すことができます。

　また、リスクマネジメントのスキル・知識は、すべての業務で適用が可能な汎用性の高いものです。調達・購買部門でリスクマネジメントを実行することにより、基本理論を生きた実務知識へ昇華させ、自らの人材価値を高めることができます。

4.1　顧客志向

　最終目標は、顧客へ向けた生産活動を止めないことです。実際に大規模災害などが起きた場合は、顧客の状況や要求を十分理解して対応することが必要です。また、顧客のBCM／BCPの中に自社の調達・購買部門への要求があれば、それに対応することも必要になります。顧客からそうした要求があった場合には、それを機会に、その顧客のリスクマネジメントの考え方や手法を学び、顧客志向を強めましょう。

4.2　調達・購買部門の存在感

　特に、営業部門や生産部門、経営層との連携を展開しましょう。後工程となる生産部門は、内部顧客と認識してください。その上で、調達・購買部門の活動により、有事においても部材の供給が確保されることを社内に示しましょう。

　リスクマネジメントは全社的な活動です。調達・購買部門でも、リスクマネジメントの基本的な考えを十分理解し、体系的なリスク分析に基づいてBCPを策定することが必要です。リスクマネジメントの専門家などが準備したフォーマットを利用するだけでなく、必要であれば調達・購買部門としてフォーマットを追加し、部門の存在感を高めるようにしましょう。

4.3　自らの人材価値

　実際に自分が取り扱っている部材や取引先の情報をもとに、リスクの調査、マッピング、ボトルネックの特定、BCPの作成をしてみてください。この一連の作業により、部材や業界の特性もみえてきて、調達・購買のスペシャリストとして知見の幅が広がります。

　専門書を読む、セミナーに参加するなどして、リスクマネジメント全般の知識を固めることも、スキルの向上に有効です。他社例などからも学んで、リスクマネジメントへの理解を深めましょう。

◎事例紹介

　調達・購買のリスクマネジメントにより、部材市場で需給が逼迫しても、納期遅れなどの混乱を起こさずに乗り切った事例を紹介します。

　ある分野の製品の販売・需要が急激に拡大して、部品全般の需給が逼迫しました。この製品を支える中核部品について、需給が逼迫する事態が発生したのです。これが原因で、ある会社は関連部品の調達が遅れ、家電や車載機器などの発売を延期しました。また、別の会社は大手部品メーカーの模造品を製品に組み込んでしまい、品質問題を起こしました。

　そんな中、電子機器メーカーA社は、今回の需給逼迫状況が発生するかなり前から、調達・購買責任者がリーダーシップを取り、さまざまな対策を講じてきたことで、生産の大きな遅れ・混乱や顧客への重大な納期遅れを引き起こさずにすみました。

　このA社の調達・購買部門のリスクマネジメントは、次のようにして構築されたものでした。

１．部品別のリスク評価

　まず、次の2つの点から、部品ごとにリスク評価を実施しました。

（1）納期遅れを起こすリスク

　ある部品の特性からみた納期遅れが発生するリスクです。それぞれの部品の入手困難性（納期の長さ）と特異性（仕様などの特異性）でリスクの大きさを評価し、ボトルネック部品を特定しました。

（2）緊急初動対策の実効性

ある部品の納期遅れが発生した時、緊急初動対策（メーカーや販売代理店との納期の交渉）にどれほど期待できるかを示す度合いです。これにより、納期遅れ発生後の初動対策の実効性を評価しました。

２．リスク評価に基づく対策

（1）納期遅れを起こすリスクへの対策

納期遅れを起こすリスクが高いボトルネック部品については、次の対策を取りました。この対策の考え方を、図表８－８に示します。

・納期の短縮化
・汎用部品への切替え

さらに、これらの対策を補足するために、各部品を次の基準で評価し、安全在庫の必要性を判断しました。

・納期：評価の基本となる数値
・納期の傾向：納期の長短についての傾向
・納入の実績：納期の遵守度合い

これらの基準をもとに、在庫数量を決定しました。決定に際し、安全在庫は不良在庫になるおそれもあるので、今後の需要を予測して、毎月、在庫数量の妥当性を検討し、必要に応じて在庫数量を変更しています。

図表８－８　納期遅れのリスクを低減する考え方

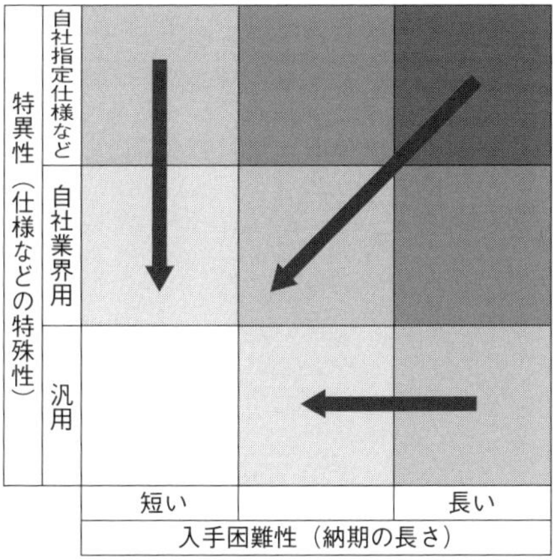

さらに、取引先の事情により、通常の調達ルートが機能しなくなった場合を想定し、部品ごとに複数の調達ルートを確保しました。

(2) 緊急初動対策での取引先の協力度向上策

　前述した対策を取っても納期遅れが発生してしまった時、部品メーカーに期待できる協力の度合いを、次の2面から評価し、協力を高めるためにコミュニケーションの改善を行いました。

・各部品メーカーとの取引実績
・各部品メーカーの担当者や上司とのコミュニケーション頻度

　これらの事前対策・事後対策が奏功し、A社は部材市場の需給逼迫という事態に際しても混乱を招かず、顧客への影響を最小限にとどめることができたのです。

第9章 情報収集と活用

1．本章の位置付けと趣旨

　本書の中でのこの章の位置付けは、序章「本書の概要」の13頁にある**図表序－1**に示した通りです。

　この章では、調達・購買部門が業務で活用する情報の収集法を具体的に述べていきます。特に、調達・購買の取引先は業務に直結した新鮮な情報源なので、ここからの情報収集法を中心に紹介します。

　情報の種類には、社外から入手する情報と社内で収集する情報があります。社外から入手する情報（社外情報）には、経済全般、自社製品市場、取引先市場、取引先からの諸情報（業界情報、調達・購買の目的であるコスト・納期関連事項）などがあり、社内で収集する情報（社内情報）には、経営に関連する情報と営業、開発・設計などの部門に関連する情報があります。それぞれの情報については、鮮度と確度に留意して解釈することが必要です。

2．情報の収集、整理、活用

　まず、目的をはっきりさせなければ、実効性の高い情報収集はできません。切り口を明確にすることで、効果的な情報収集を行うことができるのです。次に、収集した情報を体系的に整理することが必要です。これにより、情報がわかりやすく、活用しやすいものになります。

　さらに、情報は必要としている人がいつでも容易に活用できなければ意味がありません。調達・購買部門内に情報共有の仕組みが存在するなら、同じ仕組みを全社で利用できるようにすればいいでしょう。情報共有の仕組みがなければ、情報技術を利用して構築することができますが、技術的な面より、情報を集め、利用する人たちの目的意識が鍵となります。

3．社外情報、社内情報の収集と活用

　ここでは、社外情報、社内情報、それぞれの収集と活用の仕方について解説します。

3.1　社外情報
（1）公開情報
　公開情報の入手源には、次のようなものがあります。
① **経済情勢全般・業界情報**
　　・一般紙
　　・業界紙（誌）、専門紙（誌）
　　・専門機関の調査レポート
　　・官公庁の刊行物
② **取引先情報**
　　・上場大企業：有価証券報告書
　　・中小企業：信用調査会社情報・データ
　　・企業全般：民間出版社の企業年鑑・要覧など
③ **コスト動向**
　経済、産業、工業関連の全国紙、業界紙などには相場データや物価に関する資料などがあります。ただし、それらのデータは、必ずしも自社の取引特性・条件に沿ったものであるわけではありません。一般的な傾向を把握するための資料と考えるべきです。
④ **需給動向**
　　・経済産業省の刊行物
　　　http://www.meti.go.jp/statistics/tyo/seidou/result/ichiran/08_seidou.html
　　・中小企業庁の実態調査資料
　　　http://www.chusho.meti.go.jp/koukai/chousa/kihon/
　　・特定業種の協会・工業会・連合会などの刊行物

（2）業界の展示会
　業界の展示会には、内外の多くのメーカーや商社などが出展し、現在生産して

いる製品（部材）や新製品とともに、開発中の製品・技術を来場者にアピールしています。展示会の種類によっては、主製品のメーカーだけではなく、そのメーカーに製品・部材を納入しているメーカーもブースを持ち、自社製品・技術の紹介をしています。さらに、業界団体やその業界の情報を扱っている出版社や新聞社も参加しています。

展示会は、その業界の情報を収集するいい機会です。訪問にあたっては、どんな情報をどのように収集するのかを十分に検討し準備することにより、展示会を有効な情報収集の場とすることができます。

展示会で情報を有効に収集するための準備や当日携行するツールの例は、次の通りです。

① **準備**
　・何を目的とした展示会なのか十分理解して、情報収集の大枠を決める
　・何のために、どんな情報を収集するのか認識しておく
　　例）将来製品に使う部品の情報、現行品の互換部品の情報、未知メーカーの情報など
　・あらかじめ出展する会社を調べ、そこでどんな情報を得るのか決めておく
　・調べたい業界情報・部材情報の一覧表を作成しておく（図表９−１参照）

図表９−１　展示会での情報収集フォーマット（例）

分類	品名	現行品または新規開発用品				代替メーカー・製品			
		型番	仕様概略など	メーカー名	用途	メーカー名	型番	仕様	備考

②　ツール

準備した一覧表とともに、カメラや音声レコーダーなどを携行します。

(3) 取引先との定例会議

取引先との定例会議は、情報収集の場でもあります。ここでは、取引先との定例会議でどのような情報をどのように入手するかを述べたいと思います。

取引先との定例会議では、現在取引している会社から、購入部材の品質・コスト・納期・開発に関する最新の情報が得られます。その情報を、活用の視点から分類すると、次のようになります

① 　部材に関する情報

関連部材の市場価格や購入部材の受注・納期についての情報を得て、コスト管理や納期確保に活用します。

② 　新製品開発に関する情報

取引先の新製品開発ロードマップなどの情報を得て、自社の新製品に使う部材の候補として検討します。

③ 　生産性向上活動・品質改善活動に関する情報

大きな問題がない時にこれらの活動の現状をヒアリングしておき、来期の価格交渉、コスト低減活動、納期問題防止活動、品質問題対応活動などに役立てます。また、その取引先の生産拠点などを訪問した時の視察ポイントや討議の具体的な基本情報として活用します。

④ 　経営関連の情報

取引先の経営・事業年度方針・計画についての説明を聞き、自社の中長期計画における調達・購買のあり方との整合性を調整します。

(4) 取引先の訪問

① 　窓口担当者やその上司の訪問

取引先の担当者やその上司が訪問し、自社の調達・購買バイヤーや開発・設計のエンジニアと面談する目的は、ビジネス拡大のための具体的な提案や売込み、情報収集です。迎え入れる側としては、取引先への質問リスト・対応リストを作成しておき、状況に合わせてどの質問を投げかけ、どんな情報を得るのか整理しておきましょう。

取引先の担当者から有効な回答・情報を引き出すには、相手の目的や関心事に

関連付けた質問の仕方をすると有効です。

② 取引先経営層の訪問

　年末年始などに、取引先の社長や役員などが挨拶に来ることがあります。これは、レベルの高い情報を入手する絶好の機会です。その取引先の経営環境や中長期的に目指す方向を知ることを目的として面談をします。ギブ・アンド・テイクを心がけ、自社の戦略・方針などを、差し支えない範囲でオープンにします。

　話し方や質問の態度も重要です。監査・尋問のような口調で質問をすると良い印象を与えられず、有効な情報を得られなくなる可能性もあります。相手がどのような情報を欲しがっているかを推測して、対話や質問をすることも大切です。こちらの頭の中が自分の関心事で一杯だと、相手もそれを敏感に察知して、良い情報は得られません。

　入手する情報は、ビジネスに影響を与える外部環境、その取引先の本年度の実績予測、強みや弱みと考えられる経営資源、そして経営戦略です。訪問時間は限られているので、質問の数は制限されます。優先順位を付けて、マネジメントからでないと入手できない情報を最優先しましょう。その会社との取引内容（製品・購入金額など）や本年度の実績予測、自社との取引上の課題などを、あらかじめ整理しておくといいでしょう。

(5) 取引先への訪問

　納期問題や品質問題を解決するため、取引先の工場などを訪問することもあるでしょう。その際、定期的な評価で指摘した課題の改善進展、自主的な改善活動の状況、価格見積りの判断要素となる工程（作業員・設備機械など）についての情報も収集します。自社からは、生産や品質などの専門家に同行してもらうことも必要です。

(6) 新規売込会社の訪問

　新規売込会社の訪問は、既存の取引先からは得られない貴重な情報を得る機会です。日頃より、新規売込会社からの情報収集項目を考えておき、質問リストを作成しておくといいでしょう。

　業界や部材によって、新規売込会社から収集すべき情報は異なります。そこで、必要に応じて準備したリストから質問を抜き出し、情報収集を行います。この質問項目の例を、図表９－２に示します。このリストは、一度作成して固定す

図表9-2　新規売込会社から得る情報

情報の分類	入手する情報の例
会社一般情報	製品・サービス、組織（特に品質関連、調達・購買関連）、売上推移・従業員推移（国内と海外の比率）、本社・工場の所在地
顧客情報	顧客の業界、自社業界関連顧客への売上比率
経営戦略	①ビジョン、②成長戦略（今後、力点を置く業界、新製品）、③競争戦略（競合会社、新規参入（特に海外）、顧客の要求（特に価格））、④環境変化（日本国内製造業の海外移転、円高、製造業衰退、中国などの躍進）への対応
リスク・マネジメント	BCM／BCP などの策定、事故・災害発生による部品納入停滞・自社生産停止・従業員負傷などへの対応
製品	自社現行調達・購買製品との互換性・類似性・優位性、自社競合会社への販売製品
製品開発	製品開発の方針・方向性、自社の新製品開発との整合性
納期	通常納期（自社製品用途）、さらなる短納期実現のための具体的アクション
品質	業界による要求レベルの違いへの対応策
コスト	生産活動を展開している国での人件費上昇への対応、材料の価格トレンド
環境保護	環境方針、ISO14000 取得、規制への対応
その他の外部環境変化	

るものではありません。実際の経験をもとに不足項目を追加するなどの工夫が不可欠です。

(7) 取引先などから得た情報の活用

　業界紙（誌）や専門紙（誌）、専門機関の調査レポート、官公庁の刊行物などで報告されている外部情報は、必要な時にいつでも入手することができます。工夫が必要なのは、日々の業務の中で取引先などから得た情報の共有化と活用です。

　価値の高い情報でも、どの目的に活用できるのかわからないと、関係者に活用されない可能性があります。そこで、情報を活用目的別にわかりやすく整理する工夫が必要となります。そのためのフォーマットの例を、**図表9-3**に示します。これを参考に、それぞれの会社の業界特性、調達・購買特性に沿ったものを作成してください。

　もう1つの留意点は、せっかく情報を整理しても、関係者がいつでもアクセスして見られるようにしていなければ活用頻度は高くなりません。情報は、格納場所のわかりやすさ、アクセスのしやすさが大切です。

図表9-3　取引先などから得た情報を整理するフォーマット（例）

番号	目的	内容	情報源	記入者	情報取得日	その他
	新規取引先候補関係					
	新規部材関係					
	コスト関係					
	納期関係					

3.2　社内情報

社外からの情報だけではなく、社内の経営層や他部門からの情報も、調達・購買の活動を決める重要な要素です。自社内で収集すべき情報とその情報源、活用目的を、図表9-4にまとめました。

図表9-4　自社内で収集すべき情報と情報源、活用目的

情報源	収集すべき情報・データ	活用目的
経営層・事業部門トップ層	中長期計画の売上計画・成長目標分野（市場ならびに製品）	・取引先との価格交渉 ・重要取引先への情報提供 ・新規取引先、新規調達・購買部材開拓の方向性理解
営業	顧客からの受注見込み	・取引先への発注見込数量計算
開発・設計	新製品技術・部材方向性	・新規取引先開拓 ・新規調達・購買部材開拓
品質	部材影響による工程・市場不良	・取引先の品質保証体制・品質管理体制の改善
生産	在庫、歩留まり	・調達・購買部材発注・発注見込正味数量の計算

4．駆動三要因を発揮・強化するためのアドバイス

　調達・購買部門は、内外に多くの情報源を持っています。特に取引先や社内の連携部門である営業、開発・設計、生産、品質、そしてマネジメントなどからは新鮮な情報を得られる立場にあります。ただし、情報を積極的に取りにいく姿勢がないと、有効な情報は得られません。また、目的意識がないと情報は通り過ぎてしまい、活用されません。得た情報を、顧客志向、部門の存在感、自らの人材価値へいかに活用するかを意識するようにしましょう。

4.1　顧客志向

　情報収集の目的も究極は、顧客満足の向上です。この最終目的に到達する重要な通過点が、QCDなどの改善の活性化です。コストを下げるため、納期を遵守させるため、最新の技術が盛り込まれた製品をタイムリーに市場に出すために、社内外にアンテナを張って情報を集めることが求められます。

　特に、取引先からの情報収集は、調達・購買部門の重要な役割であり存在意義でもあります。これを実効性あるものにするには、広くアンテナを張ることも有効ですが、コストは取引先A、納期は取引先B、新製品は取引先Cなどと、取引先別に優先すべき事柄を選別して、目的に沿った情報を収集すると、さらに効果的です。

　また、実行中の情報収集活動が、自社の顧客や市場からの要求にどのように応えるのかを考えて認識を深めることが、顧客志向の強化になるのです。

4.2　調達・購買部門の存在感

　情報活用で調達・購買部門が存在感を発揮するには、社内のマネジメントや関連部門が必要としている情報を知り、調達・購買部門の立場を活かした情報の収集や提供を行うことです。特に、取引先からマネジメントや他部門が関心を持ちそうな情報を得た場合は、惜しまず提供します。例えば、営業部門には取引先から入手した自社の競合会社の動向、開発・設計部門には馴染みがない会社の新製品開発情報などです。

　こうした活動を進める中で、取引先からの情報収集のツールづくり、技法の開

発、収集手段の切り口の整理（公開情報はどこから、取引先はどこにウェイトを置くか、新規売込会社からはどのような情報を得るかなど）をして、体系化しましょう。これにより、存在感の高揚力が強まります。

4.3 自らの人材価値

　情報収集と活用は、調達・購買部門で働く者が持つべきゼネラルなスキルの1つです。情報活用の基本である目的志向（目的がない情報収集は意味がない）に沿って、情報源の多様性（官公庁情報、業界情報、データ会社の情報、取引先からの情報、社内情報）とそれぞれの情報源の持つ特性、活用方法に精通し、情報活用力を発揮しましょう。

　実際に情報収集を行う上では、調達・購買部門としての情報収集の特性を念頭に置くことも大切です。絞り込んだ目的を持って情報源を特定し、具体的な情報活用を実施することにより、汎用性の高いゼネラリストとしてのスキルも磨かれます。

第10章 コンプライアンス

1. 本章の位置付けと趣旨

本書の中でのこの章の位置付けは、序章「本書の概要」の13頁にある図表序-1に示した通りです。

企業はコンプライアンスを徹底し、顧客や調達・購買取引先をはじめとしたステークホルダーから信頼を獲得することが必要です。調達・購買業務実行においても、さまざまな手法を活用してコンプライアンスを実現しなければなりません。

この章では、コンプライアンスの定義と分類、範囲などの基本的事項を確認した後、調達・購買における具体的実行策を述べていきます。

2. コンプライアンスの定義と分類・範囲

2.1　コンプライアンスの定義

コンプライアンスとは、法令を守ることだけでなく、その背景にある法の精神や社会良識といった社会規範全般、さらには社内規則や業務マニュアルなども含めた幅広い規範を遵守することを意味します。

2.2　コンプライアンスの分類・範囲

コンプライアンスの対象となる規範を分類すると、次の3つとなります。

①**法規範**：法律、条令、その他行政上の法としての拘束力がある規則
　例）公職選挙法、政治資金規正法、安全保障輸出管理・輸出入関連法令、下請代金支払遅延等防止法、不正競争防止法、金融商品取引法、男女雇用機会均等法、労働関連法令などの遵守

②**社内規範**：社内ルール、業務マニュアルなど、社内で作成された規則
　例）就業規則の遵守、企業秘密の管理、情報システムの適切な使用、常識範囲内での取引先への接待・贈答、人権尊重・差別禁止など

③**倫理規範**：仕事上守るべき企業倫理、人として守るべき社会的規範
  例）反社会的勢力との関係断絶、環境保全・保護、適正な宣伝・広告、社会貢献活動など

また、コンプライアンスの範囲に、明確な定義はありません。法令、社内規程・マニュアル、企業倫理、環境対策も含めた社会貢献、労働環境への配慮などの広い範囲に及び、それぞれの企業の取組みにより内容も幅も異なります。

3. 調達・購買部門でのコンプライアンス

ここでは、はじめに調達・購買部門の業務に関連性の高いコンプライアンスについて、法規範、社内規範、倫理規範に分けて説明します。その後、法規範のうち、下請代金支払遅延等防止法と安全保障輸出管理について、さらに詳しく述べます。

下請代金支払遅延等防止法は、調達・購買部門が自律的に認識と知識を高めて対応すべき法律です。また、安全保障輸出管理は、調達・購買活動のグローバル化の中で自らの認識のもと遵守すべきものです。

3.1　調達・購買業務に関連性の高いコンプライアンス

３つの規範である法規範、社内規範、倫理規範のそれぞれについて、概略を述べます。

(1) 法規範

調達・購買に関連する法令としては、下請代金支払遅延等防止法が代表的なものです。また、独占禁止法などにも留意が必要です。この他、製造物責任法（PL法）は、自社の図面で製造する場合に関連します。また、グリーン調達という言葉が示すように、環境保全関連の法令にも調達・購買に関連する事項が含まれているので留意が必要です。グローバルな事業活動を進める場合は、RoHS（Restrictions on Hazardous Substances：EUによる特定有害物質の含有に関する規制）にも配慮しなければなりません。

これらに関しては、調達・購買部門単独での対応は容易ではありませんので、関係部門と緊密に連携し、遵守していくことが求められます。特に、法律面での

解釈や業務上の対応などは、法務部門など法務の専門家の助言を得ながら対応することが必須です。

調達・購買部門が遵守を徹底すべき下請代金支払遅延等防止法でも、法務の専門家からの助言は欠かせません。また、調達・購買活動がグローバル化する中で、外国為替及び外国貿易法にも留意が必要です。この法律の一部に、安全保障輸出管理に関する部分があります。安全保障輸出については、国際的な枠組みの中、わが国では、経済産業省が管轄しています。安全保障の管理上、リスクの高い製品・部材を取り扱っている会社では、専門に輸出管理をする部門があります。このような場合は、法務部など法務の専門家に加えて、安全保障輸出管理の専門家の助言も受けながら業務上の対応をすることは必須です。

下請代金支払遅延等防止法と安全保障輸出管理については、違反すると厳しい罰則が適用されます。それぞれ、3.2と3.3で詳しく説明します。

(2) 社内規範

社内規範の一部として、さまざまな調達・購買関連規程を作成している会社も多いと思います。調達・購買部門の関係者は、これらの規程類を理解して遵守することが求められます。この規程類は、調達・購買業務の手順を定めた「調達・購買管理」から「新規取引先の選定」、「価格の決定」、「発注先の決定」など購買・調達業務の重要プロセスについて定めたものまで、内容は多岐にわたります。

また、取引先からの接待・贈答は、調達・購買部門で働く者にとって、避けては通れない問題です。調達・購買部門の規程としてではなく、会社全体として接待・贈答を受ける場合の限度についてガイドラインを示している会社もあれば、常識の範囲内で対応するべきと不文律で対応している会社もあります。調達・購買の担当者は特に、特定の取引先と癒着したり、癒着している印象を持たれたりしないように、自制した業務を行うことが求められます。

(3) 倫理規範

環境に配慮したグリーン調達という概念のもと、調達・購買活動を展開している会社も増えています。具体的な活動の視点としては、サプライヤー選定と部材選定の2つがあります。

環境に配慮した調達・購買活動を進めるには、調達・購買部門がイニシアティ

ブを取って社内関係部門と連携し、取引先の協力を得ることが必要です。

3.2 下請代金支払遅延等防止法

　下請代金支払遅延等防止法（下請法）は、調達・購買部門で働く者にとって、最も重要な法律です。同法については、法務部門と連携して、定期的に社内教育を行っている会社も多いと思います。平成28年12月に「下請代金支払遅延等防止法に関する運用基準」が13年ぶりに改正されました。改正のポイントは、次の通りです。

・違反行為事例を66事例から141事例へ大幅増加（繰り返し見受けられた行為、事業者が問題ないと認識しやすい行為などを追加）
・違反行為の未然防止の観点から、特に留意を要する違反行為類型を追加
・事業者が下請法の対象となる取引でないと誤認しやすい取引の例を追加
・違反行為事例を「製造委託・修理委託」、「情報成果物作成委託」、「役務提供委託」の3類型に分類し、違反行為事例に見出しを付与

　詳細は、公正取引委員会の次のサイトをご覧ください。
　　http://www.jftc.go.jp/houdou/pressrelease/h28/dec/161214_1.html
　今後も、さらなる法令の改正があるかもしれません。最新の法令は、公正取引委員会や中小企業庁の下請法関連のURLアドレスへアクセスしてご確認ください。

・公正取引委員会
　http://www.jftc.go.jp/
・中小企業庁下請法関連
　http://www.chusho.meti.go.jp/keiei/torihiki/daikin.htm

　また、以下にこの法律の基本的な事項を述べますが、実際の調達・購買業務での対応は、法務の専門家の指導の下で実施するようにしてください。

(1) 目的

　下請法の目的は、下請取引の公正化と下請事業者の利益保護です。

(2) 親事業者、下請事業者の定義

　下請法では、親事業者、下請事業者を図表10－1のように定義しています。

図表10－1　親事業者、下請事業者の定義

①物品の製造・修理委託および政令で定める情報成果物作成・役務提供委託を行う場合

親事業者	下請事業者
資本金３億円超の法人事業者 ➡	資本金３億円以下の法人事業者または個人事業者
資本金１千万円超３億円以下の法人事業者 ➡	資本金１千万円以下の法人事業者または個人事業者

②情報成果物作成・役務提供委託を行う場合（①に該当する場合を除く）

親事業者	下請事業者
資本金５千万円超の法人事業者 ➡	資本金５千万円以下の法人事業者または個人事業者
資本金１千万円超５千万円以下の法人事業者 ➡	資本金１千万円以下の法人事業者または個人事業者

（3）親事業者の義務および禁止行為の概要

図表10－2に、親事業者の義務および禁止行為の概要と違反事例などを示します。ただし、ここにあげられた違反事例はほんの一部です。その他の違反事例については、公正取引委員会のホームページにある資料をご覧ください。平成28年12月の運営基準の改正により、記載されている違反事例が大幅に増えています。

（4）下請法に関する調査・罰則など

① 調査権限

違反が認められた場合、公正取引委員会などの行政機関は、親事業者や下請事業者に対して当該取引に関して報告させたり、事務所に立ち入って書類などの物件をチェックしたりすることができます。

② 違反行為に対する手続き

公正取引委員会が調査・検査を実施し、下請法に違反する行為が認められた場合は、勧告や指導などの措置がされます。勧告を行った場合は、違反事業者名、違反の事実概要などが公表されます。

③ 罰則

「書面の交付義務違反」や「書類の作成・保存義務違反」をした時は、違反行為者（親事業者の代表者と従業員）だけでなく、企業（法人）も罰せられます（50万円以下の罰金）。また、「報告徴収に対する報告の拒否や虚偽の報告」、もしくは「立ち入り検査の拒否、妨害、忌避」を行った場合にも、同様な罰則が適用されます。

図表 10 − 2　親事業者の義務および禁止行為の概要と違反事例など

	概要、違反事例、補足など
1．義務	
(1) 書面の交付義務	発注に際して定められた必要記載事項をすべて記載している書面をただちに下請事業者に交付する義務。 ●違反事例 ①発注が口頭だけで行われ、注文書が発行されない。 ②受領期日、納入場所が未記載。
(2) 書類の作成・保存義務	定められた必要事項を記載した書類を作成して2年間保存する義務。
(3) 下請代金の支払期日を定める義務	物品等を受領した日から起算して60日以内にできる限り短い期間内で定める義務。
(4) 遅延利息の支払義務	支払期日までに支払わなかった時は、物品等を受領した日から起算して60日を経過した日から実際に支払いをする日までの期間について定められた年率の遅延利息を支払う義務。 補足）支払いを遅れさせても遅延利息を払えばいいという意味ではない。
2．禁止行為	
(1) 受領拒否	下請事業者の責めに帰すべき理由がないのに、下請業者の給付の受領を拒むこと。 ●違反事例 次の件を理由とする受領拒否。 ①生産計画の変更。 ②親事業者が繁忙期のため受領態勢が整わないこと。 ③親事業者の顧客から納期延期を求められたこと。
(2) 下請代金の支払遅延	下請代金を支払期日の経過後になお支払わないこと。 ●違反事例 次の件を理由とする支払遅延。 ①検収締切制度を採用したことによるもの。検査するかどうかを問わず、納品から60日以内かつできる限り短い期間に支払わなければならない。 ②下請事業者からの請求書が提出されないこと。
(3) 下請代金の減額	下請事業者の責に帰すべき理由がないのに、発注の際に決めた下請代金の額を減ずること。 ●違反事例 ①例年の価格交渉で、親事業者は下請事業者との交渉を2月に完了し、4月1日の納入分から新規価格を適用させてきた。本年度は諸事情のため、交渉の決着が5月へずれた。この場合、例年通り4月1日の納入から新価格を適用させるのは違法であり、新価格適用は合意以降の発注からとなる。 ②親事業者は利益が計画に未達となったため、下請事業者に協力を求め、発注時決めた下請代金の減額を協議して合意を得たので、減額した代金を支払った。このように、下請事業者の合意を得ていても、法令違反となる。
(4) 返品	下請事業者の責に帰すべき理由がないのに、下請業者の給付を受領した後、下請業者にその給付物を引き取らせること。 ●違反事例 ①売れ残った商品について賞味期限切れを理由に、下請事業者に引き取らせた。 ②親事業者は、納入された製品の検査を行っておらず、下請事業者から製品を受領した後に、不良品であることを理由として引き取らせた。

(5)	買いたたき	下請業者の給付の内容と同種または類似の内容の給付に対し通常支払われる対価に比し著しく低い下請代金の額を不当に定めること。 ●違反事例 　原材料の価格や燃料費、電気料金、労務費等のコストが高騰していることが明らかな状況で、下請事業者から単価の引き上げを求められたにもかかわらず、十分な協議をせず一方的に単価を控え置くことにより通常の対価を大幅に下回る下請代金の額を定めた。
(6)	購入・利用強制	親事業者が正当な理由がないのに自己の指定する物を強制して購入させ、または役務を強制して利用させること。 ●違反事例 　親事業者は自動車部品の組立加工等を委託している下請事業者に対して、自社の顧客である自動車メーカーの自動車の販売先を紹介するよう要請し、紹介先のない下請事業者に自ら購入することを余儀なくさせた。
(7)	報復措置	下請事業者が親事業者の下請法違反を公正取引委員会などに知らせたことを理由として、取引数量の減少や取引の停止などの不利益な扱いをすること。
(8)	有償支給原材料等の対価の早期決済	親事業者が下請事業者に部品や原材料等を有償で支給する場合に、それらの対価の決済を有償支給した当該の部品等を使用した給付の下請代金から控除したり、給付の支払期日より早い時期に支払わせたりすること。 ●違反事例 　「納品月末日締め、翌月末日支払い」の条件で親事業者は取引を行っている。10月20日に下請事業者へ有償支給した部材の代金を10月31日に支払う代金から相殺した場合法令違反となる。
(9)	割引困難な手形の交付	下請代金の支払いにつき、当該下請代金の支払期日までに一般の金融機関による割引を受けることが困難であると認められる手形を交付すること。 補足）一般の金融機関で割り引くことが困難な手形を交付してはならないとされているが、一般の金融機関に相当するのは、銀行、信用金庫など預貯金ならびに資金の貸出しの両業務を行う金融機関で、貸金業者は対象外。平成28年12月14日の通達文書では、下請代金の支払いは、できる限り現金によるものとすることと、手形のサイトは段階的に短くするよう努めること、そして将来的には60日以内にするよう努めることとされている。
(10)	不当な経済上の利益の提供要請	自己のために金銭、役務その他の経済上の利益を提供させること。 ●違反事例 ①親事業者は、機械部品の製造を委託している下請事業者に対して、量産終了から一定期間が経過した後も、保管・維持に要する費用を考慮せず無償で金型等を保管させた。 ②親事業者が自社のショールームに展示するための製品を、下請業者に無償で提供させた。
(11)	不等な給付内容の変更・やり直し	下請事業者の責に帰すべき理由がないのに、下請事業者の給付の内容を変更（発注の取消しも含む）させ、または下請事業者の給付を受領した後に給付をやり直させること。 ●違反事例 ①当初の発注から設計・仕様を変更し、下請事業者にそれに対応するための人件費増加などが生じたにもかかわらず、その費用を負担しなかった。 ②親事業者の顧客の都合を理由とした発注内容の変更や取消しにより下請事業者に生じた費用を、親事業者は負担しなかった。

(5) 下請法と調達・購買業務

　下請法の条項を実際の調達・購買業務に関連付けて考えると、理解も深まり、コンプライアンス対応が高まります。図表10－3に、下請法の条項と調達・購買業務の関連をまとめました。

図表10－3　下請法の条項と調達・購買業務の関連付け

調達・購買業務	下請法で留意すべき主な条項
新規取引先開拓	親事業者、下請事業者の定義
基本取引契約書締結	下請代金の支払期日を定める義務
発注・変更・取消し	(1) 書面の交付義務 (2) 不当な給付内容の変更・やり直しの禁止
発注品の納入	(1) 下請代金の支払遅延の禁止 (2) 受領拒否の禁止
返品	返品の禁止
支払い	(1) 下請代金の支払遅延の禁止 (2) 下請代金の減額の禁止 (3) 遅延利息の支払義務 (4) 割引困難な手形の交付の禁止
価格交渉	(1) 下請代金の減額の禁止 (2) 買いたたきの禁止
有償支給	有償支給原材料などの対価の早期決済の禁止
その他	(1) 購入・利用強制の禁止 (2) 報復措置の禁止 (3) 不当な経済上の利益の提供要請の禁止

　図表10－3を参考にして、自社の法務の専門家とも相談し、最新の法令をもとに自社の特性や方針に沿ったものを作成してください。作成の過程で、同法と調達・購買業務の関連の理解が促進されます。

3.3　安全保障輸出管理

　調達・購買活動がグローバル化する中、海外取引先からの輸入業務については、関税定率法などの法令に留意して進めなければならないことは、担当者は十分認識していると思います。

　一方、輸出業務に関しては、安全保障輸出管理に留意しなければなりません。この安全保障輸出管理は一般的には認知度が低いのですが、違反した場合には大

きな制裁が課されるものなので、十分な認識と理解が必要です。ここでは、図面・仕様書送付や部品材料の支給など、調達・購買部門の輸出業務に関連する安全保障輸出管理について説明します。

　安全保障輸出管理については、規模の大きな企業などでは、会社の方針のもと、社内規程で定められた仕組みがあり、法務部門などで管理されています。さらに、法令面でリスクの高い製品、部品、材料などを輸出する会社には、安全保障輸出管理専門の部署があります。そのような場合は、調達・購買部門も会社の規程や仕組みに従って、専門家の助言・支援を受けながら安全保障輸出管理を実施することになります。また、経済産業省では、中小企業でも安全保障輸出管理を徹底すべく、外部機関へセミナーや調査分析を委託しています。

　安全保障輸出管理の管轄官庁は経済産業省で、根拠法は外国為替及び外国貿易法です。安全保障輸出管理についての詳細は、経済産業省や一般財団法人安全保障貿易情報センターのホームページで確認することができます。

　・経済産業省安全保障貿易管理課
　　http://www.meti.go.jp/policy/anpo/
　・一般財団法人安全保障貿易情報センター
　　http://cistec.or.jp/inde11.html

　法令改正はたびたびあるので、上記のホームページに頻繁にアクセスしたり、一般社団法人安全保障貿易情報センターの配信サービスを利用したりして、法令の改正内容に留意することが必要です。また、製造業や商社の業界団体でも、安全保障輸出管理の遵守促進活動を実施しているところがあります。

　以下に、安全保障輸出管理の概要と、調達・購買の視点における安全保障輸出管理について説明します。この説明を参考に、実際の調達・購買業務での対応は、法務の専門家や安全保障輸出管理の専門家の指導の下で実施するようにしてください。

（1）安全保障輸出管理の概要
① 安全保障輸出管理の目的など

　安全保障輸出管理の最終的な目的は、国際的な平和と安全の維持です。具体的には、武器や軍事に転用可能な物や技術が、わが国の安全などを脅かす恐れがある国やテロリスト集団、紛争当事国などに渡ることを防ぐために輸出などを管理

図表 10 − 4　安全保障輸出管理の国際的条約と国際管理体制の枠組み

破壊性	兵器分類	国際的条約	国際管理体制
大量破壊兵器関連	核兵器関連	核不拡散条約（NPT） Nuclear Non-Prolifiration Treaty	原子力供給国会合（NSG） Nuclear Suppliers Group
	生物・化学兵器関連	生物兵器禁止条約（BWC） Biological Weapons Convention	オーストラリア・グループ（AG） Australian Group
		化学兵器禁止条約（CWC） Chemical Weapons Convention	
	ミサイル関連	—	ミサイル関連機材規制レジーム（MTCR） Missile Technology Control Regime
通常兵器関連	通常兵器関連	—	ワッセナー・アレンジメント（WA） The Wassenaar Arrangement

し、通常兵器の過剰蓄積防止、大量破壊兵器（核兵器・生物兵器・化学兵器・ミサイル関連機器）の拡散防止の実現を目指します。関連法令の違反に対しては、刑事罰と行政制裁があります。

② 国際的枠組み

　安全保障輸出管理は、図表 10 − 4 に示す通り、国際的条約と国際管理体制の枠組みの中で実施されています。

③ わが国の安全保障輸出管理の仕組み

　こうした国際的枠組みのもと、わが国では、リスト規制とキャッチオール規制の2つの仕組みで、安全保障輸出管理が実施されています。この2つの規制の概略を、図表 10 − 5 に示します。規制の対象となる場合は、経済産業大臣の輸出許可を受けないと、輸出はできません。

④ わが国の安全保障輸出管理の法体系

　わが国における安全保障輸出管理の根拠法は、前述した通り、外国為替及び外国貿易法です。この法律のもと、物に関しては「輸出貿易管理令」、技術に関しては「外国為替令」が定められており、政令と省令でリスト規制・キャッチオール規制を定めて、告示・通達などで注意事項や用語の解釈などを定めています。

図表10－5　日本での安全保障輸出管理の仕組み（規制方法の種類）

		規制の対象	規制の概要・輸出許可が必要な場合
リスト規制		武器または主要供給国間で合意した軍事用途にも転用の可能性が高いもの	・全地域が対象 ・輸出貿易管理令別表第一の項番1～15の物のスペックならびに外国為替令別表の項番1～15の技術のスペックに該当する場合 ・用途・需要者にはよらない
キャッチオール規制	大量破壊兵器	リスト規制以外のもので、大量破壊兵器の開発などに用いられる可能性があるもの（リスト規制に該当しない食料、木材などを除く全品目）	・輸出管理を厳格に実施している国（ホワイト国[*1]）を除外した全地域 ・輸出貿易管理令別表第一の項番16の技術のスペックに該当する場合 ・用途、需要者による ・外国ユーザーリストに記載されている ・客観要件[*2]やインフォーム要件[*3]に該当する場合
	通常兵器	・経済産業省から許可を得るよう通知を受けた場合が主体 ・（国連武器禁輸国）2016年8月1日現在：アフガニスタン、中央アフリカ、コンゴ民主共和国、エリトリア、イラク、レバノン、リベリア、リビア、北朝鮮、ソマリア、スーダンが対象 詳細は、経済産業省やCISTECのホームページを参照	

[*1] ホワイト国：アルゼンチン、オーストラリア、オーストリア、ベルギー、ブルガリア、カナダ、チェコ、デンマーク、フィンランド、フランス、ドイツ、ギリシャ、ハンガリー、アイルランド、イタリア、大韓民国、ルクセンブルク、オランダ、ニュージーランド、ノルウェー、ポーランド、ポルトガル、スペイン、スウェーデン、スイス、イギリス、アメリカ合衆国（2017年3月現在）
[*2] 客観要件：輸出者が用途の確認または需要者の確認を行った結果、許可申請が必要と判断されるもの。
[*3] インフォーム要件：経済産業大臣から許可申請をすべき旨の通知（インフォーム通知）を受けている場合に、許可申請が必要となる要件。

図表10－6　わが国の安全保障輸出管理の法体系

法律		政令・省令 （リスト規制・キャッチオール規制）		告示・通達など
外国為替及び外国貿易法	物	輸出貿易管理令	別表第一	注意事項・解釈
	技術	外国為替令	別表	注意事項・解釈

これを、図表10－6にまとめました。

　図表中にある「物」とは、設備、製品、部品、材料などで、調達・購買の場合は、海外取引先に部材を支給する場合などが関連します。また、「技術」は設計、

製造、使用に関する技術で、調達・購買の場合は、見積り取得などのために海外取引先候補へ図面や仕様書を送る場合が関連しています。

(2) 調達・購買部門での安全保障輸出管理への対応

調達・購買業務のうち、安全保障輸出管理に留意すべき業務の例を、**図表10－7**に示します。社内規程に従い、海外の取引先が関与する場合は、引合いの段階から社内専門家の助言を受ける必要があります。不明点がある場合は、必ず専門家の助言を得て管理してください。

一般的には、企業の安全保障輸出管理上、「取引審査」と「該非判定」の作業が重要なポイントとなります。調達・購買部門にあっては、それぞれ以下のような作業が、最低限必要となります。

・取引審査：どのような相手か（引合先、需要者などの確認）、どのような用途に使うのか（具体的な用途の確認）などのチェックを行い、当該取引（自社からの部材などの供給を含む）を進めていいかどうかを判断します。
・該非判定：貨物・技術がリスト規制に該当するかどうかを確認し判定を行います。安全保障貿易情報センターが発行している項目別対比表やパラメーターシートを有効活用することが求められます。

また、これらの審査や判定の結果を書面で記録して一定期間保管しておくこと

図表10－7　調達・購買業務で輸出管理に関係する業務（例）

調達・購買業務	業務内容	物・技術
引合い	海外取引先へ引合いのための図面・仕様書などを送付	技術
発注先取引先候補の評価と発注先の選定	企業評価や価格などの条件を検討・評価して発注先を選定	技術・物
支給	自社部材を海外取引先へ支給	物
支給	自社が他社から購入した部材を海外取引先へ支給	物
支給	自社が第三国から輸入した部材を支給	物
不良解析	海外取引先から調達・購買した部材を不良などの解析のため送付	物
返品	海外取引先から調達・購買した部材を不良のために返品	物

備考）
1　ここで示した部材を、海外への出張などで、手荷物として運搬する場合（ハンド・キャリー）も対象となります。
2　自社部材以外の部材を支給する場合、部材が米国製の場合は米国再輸出管理に従った手続きを取る必要があります。

も、社内規程で求められているものと思います。

　米国再輸出規制は米国の規制であり、わが国経済産業省の規制ではありません。しかし、米国外での取引などにも適用され、違反すると制裁を受けます。一般財団法人安全保障貿易情報センターのURLアドレスで、この規制についての説明がされています。

　http://www.cistec.or.jp/service/beikoku_saiyusyutukisei/

4．駆動三要因を発揮・強化するためのアドバイス

4.1　顧客志向

　コンプライアンス意識の低い企業は、市場（顧客）の支持を得られません。法令に違反し会社名が公表されたり、倫理規範への意識が低いことが口コミで広がったりすると、長期にわたって企業活動や業績へマイナスの影響が出ます。調達・購買部門も、常に市場・顧客に目を向けたコンプライアンス意識を持つことが求められます。また、調達・購買部門が法規範や倫理規範に反して問題を起こした場合、優れた調達・購買取引先が離反し、会社の顧客満足度が低下する可能性もあります。

　調達・購買部門は、営業とも連携して、取引先に対し体系的な安全保障輸出管理に取り組んでいることを印象付けるようにしましょう。

4.2　調達・購買部門の存在感

　コンプライアンスは全社の活動であり、顧客や社員などさまざまなステークホルダーからの関心も強く、経営者にとっても優先度が高い事項といえます。調達・購買部門も、会社の方針のもと体系的にコンプライアンスを展開し、コンプライアンス意識の高い部門であることを、他の部門だけでなく経営層にも印象付けてください。

　特に、下請代金支払遅延等防止法については、調達・購買部門がイニシアティブを取り、生産拠点、開発・設計などの関係部門に対し、定期的に啓蒙活動をするようにしましょう。

4.3　自らの人材価値

　担当者として、下請代金支払遅延等防止法を遵守するだけでなく、CSR やリスクマネジメントの視点からもコンプライアンスを意識して、調達・購買業務を実施するといいでしょう。

　また、グローバルな調達・購買活動に精通したい場合は、外国為替及び外国貿易法を輸入と輸出の両面から理解しましょう。

第11章 教育・訓練

1. 本章の位置付けと趣旨

　本書の中でのこの章の位置付けは、序章「本書の概要」の13頁にある**図表序－1**に示した通りです。

　調達・購買部門の教育・訓練は、調達・購買業務を履行するための基盤となるものです。調達・購買部門で求められる人材像をもとに、知識・スキルの種類とレベルを明確にして、人材育成の教育訓練を実行していくことが求められます。高い水準の知識とスキルを持った人材こそ、調達・購買部門が、その活動の目的・目標を達成して、自社の競争力を強化し、継続的成長を実現するための源となるのです。

　この章では、人材育成の基本・方法をもとに、調達・購買部門での体系的・計画的な教育訓練について例をあげて具体的に紹介します。

2. 調達・購買部門の人材育成の基本と方法

2.1　調達・購買部門に求められる人材

（1）人間関係構築力・幅広い知識

　調達・購買の仕事は、取引先や社内関連部門の多種多様な人たちと協力・協調しながら成果をあげていかなければなりません。取引先については、営業はもちろん、経営層から開発・設計、製造、品質、社内においても、営業、開発・設計、製造、品質と、関連する部署は多岐にわたっています。そのため、さまざまな人と良好な人間関係を築く能力と幅広い知識が要求されます。

（2）問題発見力・改革力

　調達・購買は、決められたものを発注して、納入してもらい、支払いをするという業務の流れに身を任せているだけでは、付加価値は生まれせん。この流れの中から、業務の付加価値を高める課題を見つけ出して取り組み、調達・購買業務

の改革を実現する人材が求められます。

2.2　要求されるスキルと知識

　調達・購買担当者には、幅広い知識・スキルが要求されます。基本知識としての取扱部材・業界関連の知識は言うまでもなく、取引先を理解するための経営や財務の基本知識も必要となります。また、開発購買・海外調達購買を進めるためには、製品開発やグローバルビジネスに関連する高度な知識・スキルが求められます。

　こうした知識・スキルは、次の３つに大別されます。

① **調達・購買業務の実行に要求される知識・スキル**

　調達・購買部材の基本製品知識・業界知識、コストダウン手法、コスト分析、交渉、経営の基本（ビジョン、成長戦略、競争戦略、中期計画）、財務分析、調達・購買関連法令、プロダクトライフサイクル、海外取引先の言語・政治・経済・法令・商習慣*、輸入輸出業務*などです（*印の２項目は、海外調達・購買を実施している場合）。

　これらの知識・スキルは、質の高い調達・購買業務を進める上で必須です。また、他部門との連携活動でリーダーシップを発揮するためにも必要です。

② **連携部門に関する知識・スキル**

　生産管理、製造工程、品質保証・管理、製品開発プロセス、デザインレビュー、自社製品の機能ごとの重要部材、自社製品の基本知識、自社顧客の会社概要・業界、リスクマネジメントなどです。

　これらの知識・スキルは、社内の他部門と連携して活動する際、イニシアティブを取るために必要とされるものです。各分野の専門家と同じ水準の知識・スキルを持つことは不可能であり、その必要もありません。基本的な事項を理解しておくことが必要なのです。

③ **一般的なツールに関する知識・スキル**

　パソコン（ソフト）の活用能力、インターネット情報の収集・活用能力、ビジネス英語などの外国語能力などです。

　これらの道具を使いこなし、調達・購買業務を効率的に進めなければなりません。

2.3 効果的な教育訓練
(1) 教育訓練の組織化、体系化、計画化

　教育訓練の効果をあげるためには、調達・購買部門のマネジメントが教育訓練の方針を策定し、部門をあげて人材育成を行うと明言することが必要です。そして、体系的（経験・職位別、教育項目の選定）かつ計画的（年間計画、評価）に進めることが求められます。

　教育訓練の実施が管理職の業績評価の一部になっていて、調達・購買部門全員の年度目標の1つにするなど、教育訓練を業務の一部にすれば、方針・計画倒れを避けることができます。

(2) 教育訓練の手法

　調達・購買部門での教育訓練も、他の部門と同じように、通常の仕事から離れて受ける OFF-JT と業務を進めながら受ける OJT とがあります。いずれの方式においても、調達・購買部門が認識すべきことは、取引先と社内の連携部門（営業部門、開発・設計部門、製造部門、品質部門など）の活用です。また、幅広い知識・スキルが要求される調達・購買業務には、自己啓発が教育訓練の重要な手法となります。

　開発・設計、品質、生産、営業部門など、連携する部門の人たちが学ぶ工学、品質、生産、マーケティングなどと異なり、調達・購買学という学問領域はありません。自社の業界特性、事業特性、そして自らが担当する部材・業界の特性などを考慮して、一般的な知識を自らの要求に沿ったものに昇華することにより、学びと理解が深くなるのです。

① **OFF-JT**

　OFF-JT には、外部のセミナー会社などが行うものと、自社内で行われるものがあります。

　(ア) 外部のセミナー会社などが行う調達・購買業務に関するセミナー

　　外部のセミナー会社などが行うセミナーには、調達・購買全般に関するもの、コストダウンについてのもの、海外調達・購買に関するものなどがあります。多くの業種で調達・購買業務のコンサルティングを経験した人が講師となり、講義方式で行われるものです。広い視点から、体系的に調達・購買業務を理解するために効果的です。

（イ）会社の調達・購買部門が計画・実行するセミナー

外部の組織によるセミナーだけでなく、調達・購買部門の管理者や経験の豊富な専門職などがリーダーとなって、自社の業界特性、調達・購買特性を考慮した内容のセミナーを行う必要があります。こうしたセミナーでは、自社調達・購買部門のマネージャーや関連部門（営業部門、開発・設計部門、製造部門、品質部門など）の経験者を講師としたプログラムを組みます。さらに、取引先から講師を招き、製品についての説明会を開催してもらうことも考慮すべきです。

② OJT

OJTの責任者は言うまでもなく、上司です。部下の特性（強味と改善が必要な点）を念頭に置いたOJTを行うことが必要です。また、指導内容もその場面での具体的な判断の仕方や業務の進め方だけではなく、根本にある考え方などを含めて教えることも重要です。これにより、部下は応用性のある知識・スキルを身に付けることができるのです。

また、指導を受ける部下も、上司の指示の背景にある根本的な考えを理解して、業務を通じた知識・スキルの拡充を図ることが求められます。これにより、OJTがより効果的になるのです。

課題対応やトラブル解決などで、社内の他部門や取引先と連携して行う活動もOJTの機会となります。担当者は、課題やトラブルに他部門や取引先がどう対応したのか、その背景にある根本的な考え方を含め、深い学びをする必要があります。

③ 自己啓発

組織が行うOFF-JTやOJTに加えて重要なのが自己啓発です。書物や社外の人たちからの情報は、調達・購買パーソンの知識・スキルの幅を広げ、レベルを高めることになります。通信教育の受講や資格の取得も効果が期待できます。人事の方針で、これらの自己啓発を支援・補助している会社もあります。

他の人たちにはないものを築き上げていく姿勢と意欲を持ち、さまざまな知識源やアイデア源から刺激を受け、成長することにより、存在感のある調達・購買パーソンになれるのです。

3. 調達・購買部門での人材育成

　教育訓練は思いつきで実行するものではありません。体系的かつ計画的に行い、評価を行いながら継続的に改善して、年々より効果的にしていくものでなければなりません。次のステップを踏んで、体系的で計画的な教育プランを作成します。

- **ステップ１**：経験や職位ごとに要求されるスキルの水準の決定
- **ステップ２**：調達・購買業務を実行するために必要な知識・スキルの洗出し
- **ステップ３**：経験・職位別の教育体系の構築
- **ステップ４**：ステップ３で構築した経験・職位別の教育体系を基準に、ステップ２で洗い出した知識とスキルを、経験者・職位者別に分類して教育カリキュラムを作成

　ステップ４の分類で留意が必要なのは、１つの知識やスキルが１つの経験・職位に割り当てられるわけではないことです。例えば、コストダウンについての教育プランは、初級コースと上級コースの２つに分ける必要があるかもしれません。また、配属されたばかりの人への導入コースは、別途カリキュラムを考えた方がいいでしょう。

3.1　調達・購買の経験・職位と要求されるスキル

　調達・購買パーソンの経験や職位別に要求される知識やスキルの基準を作成することが、人材育成のベースになります。この基準は、会社の人事部門が作成する基準と一貫性を持つ必要がありますが、１つの例を**図表11－1**に示します。ここではスキルを、調達・購買機能実行知識・スキル、人間関係構築スキル、課題解決・改革スキルの３つに分類し、各スキルの要求レベルの例を紹介しています。

　これは一例であり、スキルは、３つに分類すべきというわけではありません。自社の人事制度におけるスキルの分類やその人事制度に基づき調達・購買部門が要求するスキル水準での分類に従います。

図表 11 − 1　調達・購買の経験・職位と要求されるスキル（例）

経験などの目安		調達・購買経験 2年以内	調達・購買経験 4年以内	調達・購買経験 5年以上	管理職
職位グレード呼称例		調達・購買 3級	調達・購買 2級	調達・購買 1級	調達・購買課長
調達・購買機能実行知識・スキル	取引、QCD、製品、市場情報	QCD改善・維持の重要性を理解し、取引の基本知識と取扱製品の基本知識を有する。	業界動向、取引先市場を知り、取引先からのQCDの改善を展開できる。交渉術の基本をマスターしている。	開発購買の知識とスキルを有し、製品ライフサイクルのすべての段階でQCDの改善に貢献できる。状況や相手の個性などに応じた交渉を展開できる。	調達・購買に関する全般的知識とスキルを有するだけではなく、調達・購買業務の特性に沿ったマネジメント・スキルを有する。
人間関係構築力	交渉能力、連携する力、協力者・部下などの能力を引き出す力、良好な人間関係を維持し発展させる力、リーダーシップ	上司の指導を受けながら、社内の関係者と連携し、取引先の担当者との折衝ができる。	社内・部門内の関係者や取引先の担当者などとの良好な関係をベースに、QCD改善のための力を引き出すことができる。取引先との交渉で良好な関係を維持しながら、リーダーシップを発揮できる。	社内・部門内の関係者や取引先の担当者などとの良好な関係をベースに、QCD改善のための力を引き出すことができる。部下の指導・育成ができる。調達・購買内のチームやプロジェクトチームなどでリーダーシップを発揮できる。	良好な関係をベースに、他の課の長などとの連携、取引先マネジメントとの折衝、部下の個性に合わせた指導ができる。
課題解決・改革力	体系化、問題発見と解決、改革、創造、戦略立案	調達・購買業務について基本的な流れを体系的に考えることができる。	顧客要求を基盤として、取引先からの納入品の納期問題や品質問題の原因究明を体系的に行い、解決することができる。	顧客要求を基盤として、取引先からの納入品についてのQCDの改善・改革アイデアを体系的に構築し、展開できる。	調達・購買ミッション、ビジョン、戦略、改革テーマのある中期計画を策定できる。海外調達・購買のマネジメントができる。

3.2　調達・購買業務に必要な知識・スキルの洗出し

　図表11−2に、調達・購買業務に必要な知識・スキルを洗い出すフォーマットを示します。内容欄には、なるべく詳細に記入します。教育方法・指導者の欄には、教育の方法（OJT，内部・外部セミナー、討議、事例研究、自己研修など）やその教育訓練の講師などになる指導者を記入します。2.2で述べた「要求されるスキルと知識」も念頭に置いて洗い出しをしてください。

図表11－2　調達・購買業務の実行知識とスキルの洗出しフォーマット（記入例付）

知識・スキル	内容	教育手法・指導者など
調達・購買製品知識	材料・部品ごとの基本知識(基本仕様、業界、製品での組み込まれ方など)	講義（調達・購買熟練者、取引先、設計・開発エンジニア）

～以下省略～

図表11－3　経験・職位別の教育体系（例）

経験などの目安	配属時	調達・購買経験2年以内	調達・購買経験4年以内	調達・購買経験5年以上	管理職
コース名称	導入	初級	中級	上級	マネージャー
目的	調達・購買部門の機能・役割の理解	日常業務の十分な履行と課題への気付きの重要性を認識させる	①製品・業界など、調達・購買中堅パーソンに必要な専門知識の習得 ②要求されるスキルと手法ならびに深化のための自己啓発の重要性の理解	①調達・購買のエキスパートになるための教育 ②専門知識・スキルの高度化 ③課題発見、現状打破の重要性の認識	①調達・購買部門の運営知識・スキルの習得 ②経営の基本知識の習得 ③調達・購買マネジメントの特性理解と改革推進の認識
内容	①組織 ②基本マナー（取引先との面談、電話応対、メール）	①QCD改善・維持の基本手法 ②調達・購買パーソンとしてのマナー、コンプライアンス、契約書の基本など ③他の部門との連携	①経営に関する基本知識 ②コスト低減の各種手法の理解 ③品質、製造に関する技法の理解 ④リスクマネジメント ⑤開発購買の考え方 ⑥海外調達・購買について	左と同じ項目の知識・スキルを深化	①経営戦略について ②中期経営計画と調達・購買部門の機能戦略 ③課題発見と改革の手法 ④人材育成
手段	講義（社内）先輩との対談	講義 事例研究 グループ討議	講義（社外・社内） 事例研究 グループ討議	経験・自己啓発の振り返り グループ討議・発表 宿泊研修	講義（社外） 事例研究 グループ討議 宿泊研修 外部マネジメントセミナー

3.3 経験・職位別の教育体系

教育プログラムを進めるための第一歩は、教育の体系化です。経験や職位に応じた教育の体系化が必要です。経験・職位別の教育体系の例を、図表11－3に示します。

3.4 教育カリキュラムの策定

教育の体系が確定したら、その体系に基づいた教育カリキュラムを策定します。経験・職位ごとに必要な教育項目を洗い出して、カリキュラムを決めます。図表11－4と図表11－5に、異なった実務能力レベルの者に対する教育カリキュラムの例を示します。

図表11－4　初級者に対する教育カリキュラム（例）

カリキュラムの概要：業務の基盤、製品知識、製造知識、QCDの基本
手法：講義、事例研究、グループ討議

１．調達・購買業務の基盤
取引先との共栄関係、社内他部門との連携
調達・購買規程、契約書
調達・購買パーソンの心構え、取引先との面談、コンプライアンス（接待、法令など）
２．製品知識
材料・部品ごとの基本知識（基本仕様、業界、製品での組み込まれ方など）
３．製造知識
材料・部品の製造工程（樹脂加工、金属加工、組立て、出荷検査、生産管理）
４．QCD管理手法の基本
品質管理（体制、品質管理・保証、変化点管理）
原価管理（原価企画、コストダウン、評価）
コスト低減手法（VE、ティアダウン、標準化、交渉）
生産管理（生産方式、生産計画、作業管理、進度管理、検査）
納期管理（サプライチェーン、納期遅延の原因、納期遅れ回避手法）

図表11-5　中級者・上級者の教育カリキュラム（例）

カリキュラムの概要：調達・購買の技法の体系的習得（中級コースと上級コース）
中級者向けの手段：講義、事例研究、グループ討議
上級者向けの手段：中級コース受講以降の振り返り、事例のグループ討議と発表、宿泊研修

1．取引先マネジメント
経営戦略（ビジョン、経営環境分析、成長戦略、競争戦略）
中期計画（経営戦略、重要課題、改革テーマ、機能戦略）
取引先評価（新規取引先開拓、新規採用時評価、定期的評価、共栄関係）
2．他部門連携
マーケティング・営業（自社市場、顧客志向、顧客満足、調達・購買からの有益な情報）
開発・設計（新製品開発プロセス、調達・購買部門へ期待すること）
製造（顧客への納期遵守、調達・購買部門の役割）
品質（調達・購買資材の品質、調達・購買部門の役割）
サービスマーケティング（連携して調達・購買部門の存在感を出す手法）
3．開発購買
プロダクトライフサイクル（開発段階での部材選定の重要さ）
デザインレビュー（それぞれの段階でのポイント）
原価企画（目標原価の達成）
コスト低減手法（VE、ティアダウン）
4．交渉技法
科学的交渉（交渉一般論）
調達・購買の交渉（科学的交渉）
5．リスクマネジメント
基本、BCM／BCP
6．海外調達・購買
輸入・輸出業務
コンプライアンス
7．情報マネジメント
情報の収集と活用
8．調達・購買部門の課題と改革
他社・他部門から学ぶ
調達・購買部門の課題

3.5 年度計画

3.4で策定したカリキュラムの実行責任者、対象者、外部セミナー会社などを特定して、年度単位・月単位で実行していきます。それぞれのカリキュラムについては、実施後に評価し、教育効果を実務で活用、深化させるためのフォローアップの仕組みも必要です。図表11－6は、OFF-JTの年度計画フォーマットの例です。

図表11－6　調達・購買部門のOFF-JT年度計画（例）

年度：　　　作成者：　　　　　作成日：

番号	分野	項目	内部・外部	講師・方式（内部の場合）	対象者	実施月

4. 駆動三要因を発揮・強化するためのアドバイス

4.1　顧客志向

通常の調達・購買業務では、自社の顧客とコミュニケーションをする機会はありません。そのため、顧客志向や顧客満足などを身をもって学ぶことは不可能です。これを補充するために、顧客満足・顧客志向について講義や演習で学び、調達・購買業務を実施する中で、どのように顧客志向を意識して、顧客満足につなげるかを考えることが必要です。

調達・購買部門でも、意識をすれば、まわりの組織や人たちから顧客志向・顧

客満足について学ぶ機会を見つけることができます。具体的には、自社で顧客に直接接触する部門（営業、開発・設計、品質）や取引先の営業です。そうした部門が顧客満足を実現するために何をしているかを知り、そこから調達・購買パーソンとしてすべきことを具体的に考えれば、顧客志向の考えを高めることができるのです。

4.2　調達・購買部門の存在感

部門内の掲示や人事部門への報告などを通じて、体系的かつ計画的な教育訓練を実施していることを経営層や他の部門へ示し、印象付けましょう。開発・設計、生産、品質など、他の部門の専門家に講師になってもらうことも、教育・訓練に熱心な部門であることを印象付け、存在感の向上につながります。

個人が能力を伸ばすことは、調達・購買部門の存在感を高揚する上で最も重要です。一人ひとりが調達・購買業務遂行のための高い知識・スキルを持つために、部門の教育訓練プログラムに積極的に参加し、自己啓発で知識・スキルに磨きをかけましょう。これにより、調達・購買部門の貢献の質が向上し、部門の存在感が高まるのです。

4.3　自らの人材価値

調達・購買業務にどのようなスキル・知識が要求されるのかを十分理解して、部門内の教育プラン作成などに積極的に関与しましょう。教育プラン作成の責任者やメンバーでなくても、カリキュラムや受講項目などについて積極的に提案しましょう。その際は、提案の背景や理由を明確に伝えることも必要です。

広範囲な知識・スキルを所有しているだけでは不十分です。自分の得意分野としたいものを選び、OJTや自己啓発で磨きをかけてください。外部セミナーや社内教育で、これらの基本や一般論を学ぶことはできます。しかし、自社の業界特性や調達・購買の業務特性に従ったものに磨き上げていくのは、自己啓発です。自己啓発こそが、調達・購買パーソン、ひいてはビジネス・パーソンとしての価値を上げる最良の手法なのです。

第12章 中小製造業の調達・購買業務活性化のポイント

1. 本章の趣旨

　中小製造業での調達・購買業務の強化ポイントは、改善分野の絞込みです。この章では、その具体的な方法を紹介します。

　まず、中小製造業経営者へのアンケートなどから判明した調達・購買業務の課題とその絞込み、対応法の例を紹介します。そして、商工中金調査部の調査をもとに、中小製造業の経営改善や経営戦略に貢献する調達・購買業務の絞込みと対応法の例を考察します。

　図表12－1に、この章の概観を示します。

2. 調達・購買業務の強化への基本的な考え方

　ここでは、調達・購買業務の全体像と、改善する業務の選択、選択した業務の実行方法について述べます。

2.1　調達・購買業務の全体像

　どのような企業の調達・購買部門でも、課題に一度に取り組み成果をあげるのは、容易ではありません。中小製造業では経営資源が限られており、すべてを同時に手がけることはなおさら困難です。また、すべて実行しなくても結果を出せる可能性もあります。

　しかし、調達・購買業務の全体像を理解しておくことは、絞り込んだ活動をする上で必要です。絞り込んだ活動を全体から俯瞰して実行することで、いい結果をもたらすからです。「森を見ながら木を見る」という姿勢が大切なのです。

図表12－1　本章の全体像

本章での説明事項（見出し）	関連する章	項　目	記載のある頁
2．調達・購買業務の強化への基本的な考え方			
2.1　調達・購買業務の全体像			
2.2　全体像をもとに自社に適合した方法へ変更			
3．改善に取り組む業務要素の選別			
3.1　納期管理・トラブル対応	第3章	2．納期遅れの原因が発生する場所と納期遅れ防止の具体策	61
3.2　品質マネジメント・トラブル対応	第4章	2．調達・購買部材の品質マネジメントの方法	71
3.3　価格交渉	第2章	2.7　取引先との調達・購買価格交渉	50
3.4　コスト低減（価格交渉以外のコスト低減活動）	第2章	2．コスト低減を実行するための条件設定と手法	29
3.5　取引先管理(1)―既存取引先との関係の改善	第5章	3．既存取引先との関係改善・維持	85
3.6　取引先管理(2)―新規取引先開拓	第5章	2．新規取引先候補の開拓	81
4．中小製造業経営への調達・購買機能の貢献			
4.1　開発購買	第6章	3．開発購買の具体策	99
4.2　取引先管理	第5章	3.2　(2) 定例会議	89
	第5章	2.1　(1) 市場調査	81
	第9章	3.1　(6) 新規売込会社の訪問	153
4.3　社内教育の充実	第11章	3.4　教育カリキュラムの策定	179
5．中小製造業の中期経営計画と調達・購買業務の中期計画	第1章	2.1　(1) 全社の戦略・中期計画の策定プロセス (2) 調達・購買部門の戦略・中期計画	18 19
6．中小製造業会社での調達・購買の活性化駆動要因に関するアドバイス			

調達・購買業務の全体像を、あらためて**図表12－2**に示しました。この章では、中小製造業の経営者の関心事項に焦点を絞って説明していきます。この図表の中では、斜体の太文字で示した業務が対象となります。第4章の冒頭部分で述べたように、本書では、調達・購買の品質に関する業務を品質マネジメントと呼

図表 12 − 2　中小製造業の調達・購買業務の全体像

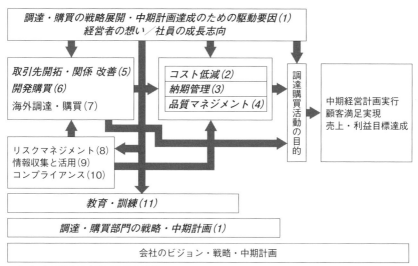

＊（　）内の数字は本書での章の番号

びます。自社全体や取引先の品質の専門家が実施する品質管理や品質保証業務と区別するためです。図表 12 − 1、12 − 2 をはじめとして、この章のすべての図表と説明で、調達・購買の品質関連業務を品質マネジメントと表現しています。

また、駆動要因のところは、序章にある全体像での駆動要因とは異なるものにしてあります。

2.2　全体像をもとに自社に適合した方法へ変更

大規模な製造会社も、業界や製造製品により調達・購買機能のあり方が異なります。中小製造業も同様で、業界、製造製品や顧客との取引特性（自社開発製品製造、下請企業など）によって調達・購買機能のあり方はさまざまです。特に下請型の中小製造業では、部材が親企業から支給されることも多く、その支給も無償であったり有償であったりします。ある意味では、中小製造業の調達・購買業務は大企業より多様だと言えるでしょう。

中小製造業においては、その多様な調達・購買業務の中から、自社にとっての重要業務を選択して改善活動を実施するべきです。ここでは、その方法について

述べていきます。

(1) 改善する業務の選択

中小製造業へのコンサルティング、ヒアリングおよびアンケート結果から見ると、中小製造業の経営者が重要だと考える調達・購買業務は、①納期管理・トラブル対応、②価格交渉、③品質マネジメント・トラブル対応の3つです。この3つは、調達・購買業務の目標である、QCD（品質・コスト・納期）の改善に対応するものであり、経営者が重要であると考えるのは合理的です。

この章では、この3業務の他に、これらの改善の基盤となる取引先管理を加えて、合計4つの調達・購買業務における中小製造業での業務活性化について述べていきます。

(2) 実行業務要素の選択

業務要素とは、その業務を行うための具体的な活動内容のことです。例えば、納期管理業務の場合は、「納期遅れ回避」が業務要素の1つです。前述した3業務（納期管理、価格交渉、品質マネジメント）と取引先管理については、これまでそれぞれの章（価格交渉は、コスト低減の一部です）に具体的な業務要素を述べてきました。ただし、これらの業務要素には、中小製造業には実施が困難なものや、実施しなくてもいいものがあります。そこでここでは、中小企業が実施する業務要素をどのように選別し、実施していけばいいか述べていきます。

選別は、次の2つの基準により行います。

① 改善活動の優先度が高いこと

改善活動の優先度は、次の2つの項目で決定します。

・その業務要素の活動水準が高くないこと（改善の余地が大きいこと）
・その業務要素を実行する社員やその上司にとっての必要度が高いこと

この2つを点数化して、優先度を算出するようにします。

② 取り組みやすく、成果が短期間に出せること

優先度が高い業務要素の中から、取り組みやすく比較的短期間で成果が出せるものをまず選び、活動を始めるようにします。①で選んだ優先度が高い業務要素を一覧表にして、担当者を含めた関係者で話し合って決めるようにします。

ただ、①も②も一般的な表現になっていますので、わかりにくい面もあると思います。そこで、次に納期管理・トラブル対応、価格交渉、品質マネジメント・

トラブル対応、取引先開拓・関係改善の業務別に具体例をあげて説明します。

3. 改善に取り組む業務要素の選別

　ここでは、中小製造業の経営者が重要な業務とみなしている納期管理・トラブル対応、価格交渉、品質マネジメント・トラブル対応、そしてこの3つの改善の基盤となる取引先管理について、改善活動の選別法を具体的に説明します。

3.1　納期管理・トラブル対応

　図表12-3で示すように、納期管理業務の具体策は、大きく分けて、納期遅れの原因が発生する場所の理解、納期遅れを回避するための具体策、納期遅れ予知時や発生時の具体的対応の3つの項目からなっています。また、それぞれの項目は、①、②…で示された業務要素から構成されています。これらの項目・要素それぞれに関して、活動が不十分な度合と活動の必要性の度合を検討して5点満点で点数付けをし、改善優先度を算出します。この点数に従って優先順位を決め、改善活動を進めるといいでしょう。

　このフォーマットで改善優先度が高い業務要素を特定し、それらの業務要素を一覧表にします。そして、取り組みやすく成果が短期間で出せるものから手をつけるといいでしょう。方法など具体的な進め方については、第3章の2を参照してください。

　製品の開発・設計特性、部材の調達・購買方法により、優先度の高い項目は異なります。支給部材で生産する製品、顧客図面で製造するが自社責任で部材の調達・購買をする製品、自社の設計・開発で製造する製品、それぞれ優先度の高い項目が異なります。

3.2　品質マネジメント・トラブル対応

　図表12-4に示すように、品質マネジメント業務の具体策は、大きく分けて、取引先の品質管理・保証体制の現状把握と改善支援、品質目標・品質年度計画の策定と実行、取引先での品質改善活動への支援、調達・購買部材に関連する不具合発見場所・不具合原因への対応の4つの項目からなっています。また、それぞ

図表12－3　納期管理で改善の優先度が高い業務要素の認識

検討業務要素	(A) 不十分な度合	(B) 必要性の度合	(C) 改善優先度 (A)×(B)
(1) 納期遅れの原因が発生する場所の理解			
①自社の顧客			
②自社と自社の顧客との関係性			
③自社			
④自社と取引先との関係性			
⑤取引先			
⑥取引先と部材納入会社との関係性			
⑦取引先への部材納入会社			
⑧環境			
納期遅れの原因が発生する場所の理解の平均点			
(2) 納期遅れを回避するための具体策			
①自社起因の納期遅れ回避策			
顧客の新製品の立上り時期把握（試作品・量産時期など）			
顧客の生産予測（自社への注文内示入手）			
自社設計の部品―代替メーカーのない材料の使用を回避			
自社設計の部品・製造が容易でない構造設計を回避			
取引先メーカーの標準部材―生産量が縮小している型番の使用回避			
設計・仕様の確定遅れへの対応―取引先に可能な準備を進めてもらう（例：材料・治工具）			
設計・仕様の確定遅れへの対応―量産開始に間に合わせるアクション計画作成			
発注に加えて内示を定期的に提示―必要納期を遵守			
発注に加えて内示を定期的に提示―最新顧客受注・内示情報とのリンク			
生産計画の大幅変動への対応（納期の長い部材は安全在庫保有）			
取引先との良好な（人間）関係構築			
要注意取引先への重点管理			
②取引先起因の納期遅れ回避策			
新規取引先評価で指摘した品質管理課題への取引先による取組み			
取引先品質問題発生対策で指摘した課題への取引先による取組み			
取引先の生産管理・作業管理・工程管理・人的起因―新規取引先評価で指摘した課題への取組み			
取引先の生産管理・作業管理・工程管理・人的起因―納期問題発生対策で指摘した課題への取組み			
③調達・購買環境による納期遅れへの回避策：リスクマネジメント			
納期遅れを回避するための具体策の平均点			
(3) 納期遅れ予知時や発生時の具体的対応			
①数量・納入限界日の認識ならびにバックアップ策の設定			
②引く力―調達・購買部門のバイヤーなどの担当者の気概と行動力			
③押す力―取引先の協力度			
納期遅れ予知時や発生時の具体的対応の平均点			

備考）(A)および(B)の点数付け基準：1～5の5点法で点数付けをする。
　　　「1　度合が極めて低い」～「5　度合が極めて高い」
　　　(C)の改善優先度の数値が高いほど優先度が高い改善すべき項目となる。
●このフォーマットの評価方法と結果の解釈
　(A)の不十分な度合は、それぞれの項目で理解や実際の活動が不十分だと考える度合で、極めて不十分と考える場合は点数5とします。また、逆に完璧に実行している場合は点数は1となります。(B)の必要性の度合は、自社の調達・購買業務の特性から考えて必要性が極めて高いものを点数5とし、逆にほとんど必要性がないものは点数1とします。2点、3点、4点は、この2つの点数の間のどこに位置するのかにより決めます。(C)は(A)と(B)の掛け算で、25点が満点になります。例えば、活動が極めて不十分で5点としても、必要性が極めて低く1点と評価した場合は(C)の改善優先度の点数は5点となり、高い点数付けとはなりません。

図表12－4　品質マネジメントで改善の優先度が高い業務要素の認識

検討業務要素	(A) 不十分な度合	(B) 必要性の度合	(C) 改善優先度 (A)×(B)
(1) 新規取引先に対する品質マネジメント			
①取引先の品質管理・保証体制の評価			
②取引先の品質システムの監査			
③品質体制の監査の結果の取扱い			
④改善要求と改善活動			
⑤調達・購買の基本契約で品質基準などを明確化			
⑥品質管理基準や品質に関する手続説明書			
新規取引先に対する品質マネジメントの平均点			
(2) 品質目標・品質年度計画の策定と実行			
①品質目標の設定ならびに品質改善活動計画策定			
②活動進展報告			
③評価			
④表彰			
品質目標・品質年度計画の策定と実行の平均点			
(3) 取引先の品質改善活動への支援			
①支援対象取引先の選定			
②支援対象項目・内容の明確化			
③支援姿勢の基本			
取引先の品質改善活動への支援の平均点			
(4) 調達・購買部材に関連する不具合発見場所・不具合原因への対応			
①顧客・市場での不具合発見への対応			
②自社起因の不具合排除			
調達・購買部材に関連する不具合発見場所・不具合原因への対応の平均点			

備考）（A）および（B）の点数付け基準：1〜5の5点法で点数付けをする。
「1　度合が極めて低い」〜「5　度合が極めて高い」
（C）の改善優先度の数値が高いほど優先度が高い改善すべき項目となる。

●このフォーマットの評価方法と結果の解釈
（A）の不十分な度合は、それぞれの項目で理解や実際の活動が不十分だと考える度合で、極めて不十分と考える場合は点数5とします。また、逆に完璧に実行している場合は点数は1となります。（B）の必要性の度合は、自社の調達・購買業務の特性から考えて必要性が極めて高いものを点数5とし、逆にほとんど必要性がないものは点数1とします。2点、3点、4点は、この2つの点数の間のどこに位置するのかにより決めます。（C）は（A）と（B）の掛け算で、25点が満点になります。例えば、活動が極めて不十分で5点としても、必要性が極めて低く1点と評価した場合は（C）の改善優先度の点数は5点となり、高い点数付けとはなりません。

れの項目は、①、②…で示された業務要素から構成されています。

　納期管理の場合と同様に、これらの業務要素それぞれに関して、活動が不十分な度合と活動の必要性の度合を検討して5点満点で点数付けをし、改善優先度を算出します。この点数に従って優先順位を決め、改善活動を進めるといいでしょう。方法など具体的な進め方については、第4章の2を参照してください。

　企業の品質管理・品質保証の機能により、優先度の高い項目は異なります。調達・購買部材の品質マネジメントには、品質の専門家に関与してもらう必要があります。そのため、取引先の品質改善への支援は、会社の品質管理・品質保証の

組織が、どの程度まで調達・購入部材の品質管理に関与できるかによります。

例えば、調達購買部材を評価する明確な機能を有する企業の場合は、業務活動のかなりの部分が可能だと考えられます。しかし、そうでない場合は、部分的な活動を実施するのが現実的です。どの部分をどう実施するかは、関係する品質の専門家や組織と打ち合わせて決めることになります。

このフォーマットで改善優先度が高い業務要素を特定し、それらの業務要素を一覧表にします。そして、取り組みやすく成果が短期間で出せるものから手をつけるといいでしょう。

3.3 価格交渉

価格交渉のステップについては、第2章の2.7を参照してください。

価格交渉はコスト低減策の一部であり、他の3つの業務（納期管理、品質マネジメント、取引先管理）と比べ狭い業務領域なので、その中の1ステップだけを取り出して改善することはおすすめできません。ただし、改善の余地が大きいプロセスを優先する必要はあります。

図表12-5を参考にして、自社の価格交渉のプロセスで不十分な部分を認識した上で、全体を改善するといいでしょう。

図表12-5　価格交渉のプロセスで改善の優先度が高い項目の認識

検討項目	(A) 不十分な度合	(B) 必要性の度合	(C) 改善優先度 (A)×(B)
(1) スケジュール作成			
(2) 目標の設定			
(3) 交渉戦略の策定			
(4) 交渉準備			
(5) 交渉			
(6) 合意			
(7) 振り返り			

備考）(A)および(B)の点数付け基準：1〜5の5点法で点数付けをする。
　　　「1　度合が極めて低い」〜「5　度合が極めて高い」
　　　(C)の改善優先度の数値が高いほど優先度が高い改善すべき項目となる。

●このフォーマットの評価方法と結果の解釈
　(A)の不十分な度合は、それぞれの項目で理解や実際の活動が不十分だと考える度合で、極めて不十分と考える場合は点数5とします。また、逆に完璧に実行している場合は点数は1となります。(B)の必要性の度合は、自社の調達・購買業務の特性から考えて必要性が極めて高いものを点数5とし、逆にほとんど必要性がないものは点数1とします。2点、3点、4点は、この2つの点数の間のどこに位置するのかにより決めます。(C)は(A)と(B)の掛け算で、25点が満点になります。例えば、活動が極めて不十分で5点としても、必要性が極めて低く1点と評価した場合は(C)の改善優先度の点数は5点となり、高い点数付けとはなりません。

第12章　中小製造業の調達・購買業務活性化のポイント

3.4　コスト低減（価格交渉以外のコスト低減活動）

　価格交渉は、重要なコスト低減活動です。しかし、調達・購買部材のコスト低減を価格交渉だけで実現することには限界があり、また、取引先との関係改善維持（共栄関係の推進）の面からも好ましくありません。そこで、価格交渉以外のコスト低減活動も積極的に実施して、コスト低減の効果を大きくすることをおすすめします。

　図表12－6は、中小製造業の「現在の経営上の問題点」を示すグラフです。「国内市場での競争激化」、「国内販売価格の下落」、および「主力取引先からの生産コスト引下げ要請」というコスト低減に関する事項が現在の経営上の問題点となっています。この問題に対処するためには、価格交渉だけではなく、総合的なコスト低減を実施して経営に貢献することが必要となります。

　図表12－7は、各社にてどのコスト低減活動を優先的に実施すべきかを判断

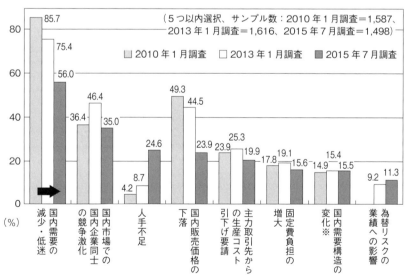

図表12－6　現在の経営上の問題点
（製造業、前回・前々回と比較可能な上位項目）

※少子化、高齢化による顧客嗜好の変化など
（注）「為替リスクの業績への影響」は2013年1月調査より選択肢に新設
出所：商工中金調査部「中小企業の経営改善策に関する調査［2015年］」5頁、2015年10月8日

図表12－7　コスト低減で改善の優先度が高い業務要素の認識

検討項目	(A) 不十分な度合	(B) 必要性の度合	(C) 改善優先度 (A)×(B)
(1) 自社単独もしくは取引先との共同 VA/VE			
(2) 自社競合品などのティアダウン			
(3) 取引先工程改善			
(4) 調達・購入部材の標準化実施			
(5) 調達・購買取引先集約			
(6) 取引先のサプライチェーン全体からのコスト低減			
(7) 調達・購買契約によるもの			

備考：(A)および(B)の点数付け基準：1～5の5点法で点数付けをする。
　　　「1　度合が極めて低い」～「5　度合が極めて高い」
　　　(C)の改善優先度の数値が高いほど優先度が高い改善すべき項目となる。

●このフォーマットの評価方法と結果の解釈
(A)の不十分な度合は、それぞれの項目で理解や実際の活動が不十分だと考える度合で、極めて不十分と考える場合は点数5とします。また、逆に完璧に実行している場合は点数は1となります。(B)の必要性の度合は、自社の調達・購買業務の特性から考えて必要性が極めて高いものを点数5とし、逆にほとんど必要性がないものは点数1とします。2点、3点、4点は、この2つの点数の間のどこに位置するのかにより決まります。(C)は(A)と(B)の掛け算で、25点が満点になります。例えば、活動が極めて不十分で5点としても、必要性が極めて低く1点と評価した場合は(C)の改善優先度の点数は5点となり、高い点数付けとはなりません。

するフォーマットです。各検討事項の詳細に関しては、第2章を参照してください。第2章では、コスト低減の手法を具体的に7項目あげています。これらの項目・要素それぞれに関して、活動が不十分な度合と活動の必要性の度合を検討して5点満点で点数付けをし、改善優先度を算出します。この点数に従って、優先度が高い業務要素を特定します。次に、それらの業務要素を一覧表にして、取り組みやすく、成果が短期間で出せるものから手をつけるといいでしょう。方法など具体的な進め方については、第2章の2.4を参照してください。

　中小製造業の生産現場では、コストダウンの努力が、日々続けられています。調達・購買活動によるコストダウンへの期待も高いため、自社の事情に合わせ、具体的方法のうち一部でも実行すれば、大きな成果が得られるはずです。

3.5　取引先管理（1）──既存取引先との関係の改善

　図表12－8に示すように、既存取引先との関係改善の具体策は、大きく分けて、取引先の現状把握と分類、取引先とのコミュニケーション・関係改善、取引先実績評価の3つの項目からなっています。また、それぞれの項目は、①、②…で示された業務要素から構成されています。これらの項目・要素それぞれに関し

第12章　中小製造業の調達・購買業務活性化のポイント

図表12−8　既存取引先管理で改善の優先度が高い業務要素の認識

検討業務要素	(A) 不十分な度合	(B) 必要性の度合	(C) 改善優先度 (A)×(B)
(1) 取引先の現状把握と分類			
①会社の基本情報や有益情報の収集			
②調達・購買実績データの収集と活用			
③取引先の分類別対応			
取引先の現状把握と分類の平均点			
(2) 取引先とのコミュニケーション・関係改善			
①担当から上位職のすべての段階でのコンタクト			
②定例会議の開催			
取引先とのコミュニケーション・関係改善の平均点			
(3) 取引先実績評価			
①評価の目的の明確化			
②設定した項目による評価			
③取引先への通知			
取引先実績評価の平均点			

備考）(A)および(B)の点数付け基準：1〜5の5点法で点数付けをする。
　　　「1　度合が極めて低い」〜「5　度合が極めて高い」
　　　(C)の改善優先度の数値が高いほど優先度が高い改善すべき項目となる。
●このフォーマットの評価方法と結果の解釈
　(A)の不十分な度合は、それぞれの項目で理解や実際の活動が不十分だと考える度合で、極めて不十分と考える場合は点数5とします。また、逆に完璧に実行している場合は点数は1となります。(B)の必要性の度合は、自社の調達・購買業務の特性から考えて必要性が極めて高いものを点数5とし、逆にほとんど必要性がないものは点数1とします。2点、3点、4点は、この2つの点数の間のどこに位置するのかにより決めます。(C)は(A)と(B)の掛け算で、25点が満点になります。例えば、活動が極めて不十分で5点としても、必要性が極めて低く1点と評価した場合は(C)の改善優先度の点数は5点となり、高い点数付けとはなりません。

て、活動が不十分な度合と活動の必要性の度合を検討して5点満点で点数付けをし、改善優先度を算出します。

　このフォーマットで改善優先度が高い業務要素を特定し、それらの業務要素を一覧表にします。そして、取り組みやすく、成果が短期間で出せるものから手をつけるといいでしょう。方法など具体的な進め方については、第5章の3を参照してください。

　中小製造業の企業では、調達・購買業務は独立した組織になっていない場合が大半だと考えられます。例えば、経営者や上級管理職者が担当していたり、生産、総務などの一部で業務を遂行していたりします。こうした場合は、人的資源などにも限りがあり、全般的な実施は現実的ではありませんので、効果を出しやすい事項から実行することをおすすめします。

　そこで、改善優先度を算出した後に、優先項目を絞り込みましょう、例えば、取引先会社の基本情報などの整備が十分かどうか検証し、不十分だと判断された

場合は、まず取引先に関するデータ・情報を整備することです。調達・購買している品目、年間調達・購買金額、会社情報、競合情報などを整備して、自社での面談や、取引先への会社訪問・面談の機会を増やせば、調達・購買品の納期管理、コスト低減や品質マネジメントの改善へ大きく踏み出せます。

3.6 取引先管理（2）──新規取引先開拓

図表12－9に示すように、新規取引先開拓業務の具体策は、大きく分けて、新規取引先候補の情報収集、候補会社の本社・工場訪問視察や関係者との面談と財務評価、収集した情報に基づく検討・評価ならびに決定、契約と取引開始手続の4つの項目からなっています。また、それぞれの項目は、①、②…で示された業務要素から構成されています。これらの項目・要素それぞれに関して、活動が不十分な度合と活動の必要性の度合を検討して5点満点で点数付けをし、改善優

図表12－9　新規取引先開拓で改善すべき度合が高い業務要素の認識

検討業務要素	(A) 不十分な度合	(B) 必要性の度合	(C) 改善優先度 (A)×(B)
(1) 新規取引先候補の情報収集			
①市場調査			
②取引先市場への発信			
③新規売込会社の来社への対応			
新規取引先候補の情報収集の平均点			
(2) 候補会社の本社・工場訪問視察や関係者との面談と財務評価			
①経営			
②品質			
③コストダウン			
④納期			
⑤開発・設計			
⑥財務			
候補会社の本社・工場訪問視察や関係者との面談と財務評価の平均点			
(3) 収集した情報に基づく検討・評価ならびに決定			
(4) 契約と取引開始手続			

備考）(A)および(B)の点数付け基準：1～5の5点法で点数付けをする。
　　　「1　度合が極めて低い」～「5　度合が極めて高い」
　　　(C)の改善優先度の数値が高いほど優先度が高い改善すべき項目となる。
●このフォーマットの評価方法と結果の解釈
　(A)の不十分な度合は、それぞれの項目で理解や実際の活動が不十分だと考える度合で、極めて不十分と考える場合は点数5とします。また、逆に完璧に実行している場合は点数は1となります。(B)の必要性の度合は、自社の調達・購買業務の特性から考えて必要性が極めて高いものを点数5とし、逆にほとんど必要性がないものは点数1とします。2点、3点、4点は、この2つの点数の間のどこに位置するのかにより決めます。(C)は(A)と(B)の掛け算で、25点が満点になります。例えば、活動が極めて不十分で5点としても、必要性が極めて低く1点と評価した場合は(C)の改善優先度の点数は5点となり、高い点数付けとはなりません。

先度を算出します。

このフォーマットで改善優先度が高い業務要素を特定し、それらの業務要素を一覧表にします。そして、取り組みやすく成果が短期間で出せるものから手をつけるといいでしょう。方法など具体的な進め方については、第5章の2を参照してください。

新規取引先開拓は、労力がかかる業務です。中小製造会社の調達・購買担当者は、この活動事項一覧を見ただけで、とてもそんな時間はないと思うかもしれません。そのような場合は、まずできることから始めてください。また、すでに実施している項目があれば、その活動をより実効性のあるものになるよう工夫しましょう。まず、改善優先度を算出することをおすすめしますが、実際に改善活動を進めるものは数を絞り、すでに部分的に活動しているなど、取り組みやすいものを選んで成果を出すといいでしょう。

例えば、現在取引がない会社が売込みに来社した際になるべく面談をするようにしているのであれば、面談時にその会社に質問する事項をあらかじめ決めておきます。これには、2つの効果があります。1つ目は、質問事項を決めるには自社のこれからの経営方針、製品開発方針、生産方針などを知らなければならず、自社の方向性の理解が進みます。また、現行取引先との問題点を整理しておくと、売込会社との面談の中で解決方法が見つかるかもしれません。2つ目は、質問事項を統一しておけば、将来新規取引先を開拓する必要性が生じた場合に、短期間に複数の候補会社間の情報を比較することができます。

この質問事項の例は、第9章の3.1（6）で説明しています。この例を参考に、自社の業界や方針に沿って変更と絞込みをして作成できます。

4．中小製造業経営への調達・購買機能の貢献

ここまで、中小製造業の現在の調達・購買の課題に関して、その改善策の選び方や優先順位について述べました。ここからは、今後の中小製造業の経営改善や経営戦略へ、調達・購買がどのように貢献すべきか考えていきます。

商工中金調査部の「中小企業の経営改善策に関する調査［2015年］」にあるグラフから、それぞれの経営戦略項目や経営改善策に関連する調達・購買業務が浮

かび上がってきます。

中小企業の将来の経営戦略イメージは、図表12－10の通りです。

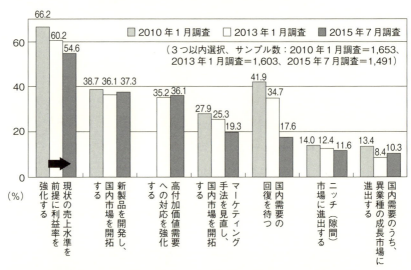

（注）「高付加価値需要への対応を強化する」は、2013年1月調査より選択肢に新設
出所：商工中金調査部「中小企業の経営改善策に関する調査［2015年］」8頁、2015年10月8日

このグラフに示された経営戦略イメージの各項目に関与・貢献する調達・購買業務は、図表12－11の通りです。

図表12－11　経営戦略イメージの項目に関与・貢献する調達・購買業務

経営戦略イメージ項目 （調達・購買関連事項）	調達・購買の関連・貢献業務
現状の売上水準を前提に利益率を強化する	コスト低減
新製品を開発し、国内市場を開拓する	取引先開拓・関係改善、開発購買
高付加価値需要への対応を強化する	取引先開拓・関係改善、開発購買

続いて、中小企業が今後1〜2年で実施を予定している経営改善策は、図表12－12の通りです。

第 12 章　中小製造業の調達・購買業務活性化のポイント

図表 12 − 12　今後 1 〜 2 年で実施予定の経営改善策
（製造業、前回・前々回と比較可能な上位項目）

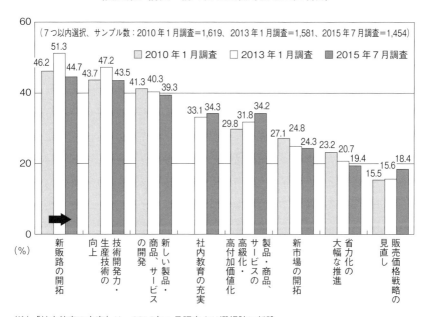

（注）「社内教育の充実」は、2013 年 1 月調査より選択肢に新設
出所：商工中金調査部「中小企業の経営改善策に関する調査［2015 年］」12 頁、2015 年 10 月 8 日

　このグラフに示された各経営改善策に関与・貢献する調達・購買業務は、図表 12 − 13 の通りです。

図表 12 − 13　今後 1 〜 2 年で実施予定の経営改善項目に関与・貢献する調達・購買業務

今後 1 〜 2 年で実施予定の経営改善項目 （調達・購買関連事項）	調達・購買の関連・貢献業務
技術開発力・生産技術の向上	取引先開拓・関係改善、開発購買
新しい製品・商品、サービスの開発	取引先開拓・関係改善、開発購買
社内教育の充実	
製品・商品、サービスの高級化・高付加価値化	取引先開拓・関係改善、開発購買

　最後に、中小企業が今後 5 年以内の実施を検討している経営改善策は、図表 12 − 14 の通りです。

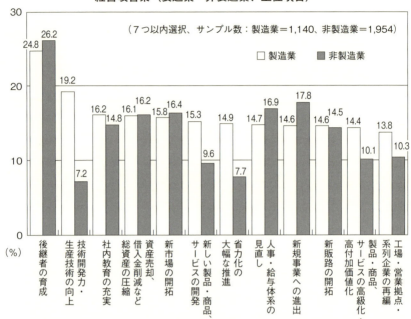

図表12－14　今後5年以内で実施を検討している
経営改善策（製造業・非製造業、上位項目）

出所：商工中金調査部「中小企業の経営改善策に関する調査［2015年］」14頁、2015年10月8日

このグラフに示された各経営改善策に関与・貢献する調達・購買業務は、図表12－15の通りです。

図表12－15　今後5年以内で実施検討の経営改善項目に
関与・貢献する調達・購買業務

	今後5年以内で実施を検討している経営改善項目 （調達・購買関連事項）	調達・購買の関連・貢献業務
1	技術開発力・生産技術の向上	取引先開拓・関係改善、開発購買
2	社内教育の充実	
3	新市場の開拓	取引先開拓・関係改善、開発購買
4	新しい製品・商品、サービスの開発	取引先開拓・関係改善、開発購買

以上の経営戦略や経営改善策と調達・購買業務との関連を分析すると、調達・購買には、次の3つの事項が期待されていることがわかります。

・開発購買の展開：新製品開発段階から調達・購買が貢献
・取引先開拓・関係改善：ノウハウや技術活用のための新規取引先の開拓・現行取引先との関係改善
・社内教育の充実：調達・購買担当者のスキル・知識向上

以下で、それぞれについて見ていきます。

4.1 開発購買

開発購買の具体策は、大きく分けて、次の(1)から(5)の5つの項目からなっています。しかし、中小製造業の開発購買の活動は、(1)から(3)の3項目に絞ることが現実的です。

(1) 原価目標を達成するための具体策
(2) 開発購買のための情報収集
(3) 調達・購買部門の役割・付加価値向上
(4) 学習を通じた開発・設計部門との連携精神の向上
(5) 具体策の実効性を高めるための要件

図表12－16に基づき、(1)から(3)までの項目・業務要素（①、②…）それぞれに関して、活動が不十分な度合と活動の必要性の度合を検討して5点満点で点数付けをし、改善優先度を算出します。

このフォーマットで改善優先度が高い業務要素を特定し、それらの業務要素を一覧表にします。そして、取り組みやすく成果が短期間で出せるものから取り組むといいでしょう。方法など具体的な進め方については、第6章の3を参照してください。

調達・購買組織が小規模な場合、こうして絞り込んだ項目さえ改善が進められないことも考えられます。このような場合は、調達・購買の担当者が単独でできるような活動から始めるのが現実的です。例として、重要部材とそのメーカーや商社のリスト作成にまずは集中する方法も考えられます。開発・設計の責任者や担当者の意見も聞いてフォーマットを作成し、取引先からの情報を取り入れたり、開発・設計エンジニアと打ち合わせたりしながら、少しずつ築き上げていくのです。

体裁は、エクセルを使った簡易なもので十分です。開発・設計エンジニアをこ

図表12－16　開発購買で改善すべき度合が高い業務要素の認識

検討業務要素	(A) 不十分な度合	(B) 必要性の度合	(C) 改善優先度 (A)×(B)
(1) 原価目標を達成するための具体策			
①目標の共有と役割分担の明確化			
②原価目標達成活動の失敗・反省経験例の活用			
③目標とする競合品のティアダウン			
④既存取引先の新規開発部材の採用			
⑤代替（新規）取引先部材の採用			
⑥取引先の知恵・技術の取込み			
⑦価格交渉			
原価目標を達成するための具体策の平均点			
(2) 開発購買のための情報収集			
①原価目標達成の成功事例・失敗事例の記録			
②市場・製品動向が部材へ与える影響の把握			
③製品機能別の主要部材とそのサプライヤー把握			
④戦略取引先などとの定例会議における新規開発についての情報交換			
開発購買のための情報収集の平均点			
(3) 調達・購買部門の役割・付加価値向上			
①取引先選定（部材）評価の合理性向上			
②新規部材取引先候補の開拓			
③部材価格など取引条件の交渉			
④新規部材などの納期確保			
⑤開発購買方針・活動報告書の作成			
調達・購買部門の役割・付加価値向上の平均点			

備考）(A)および(B)の点数付け基準：1～5の5点法で点数付けをする。
　　　「1　度合が極めて低い」～「5　度合が極めて高い」
　　　(C)の改善優先度の数値が高いほど優先度が高い改善すべき項目となる。
●このフォーマットの評価方法と結果の解釈
　(A)の不十分な度合は、それぞれの項目で理解や実際の活動が不十分だと考える度合で、極めて不十分と考える場合は点数5とします。また、逆に完璧に実行している場合は点数は1となります。(B)の必要性の度合は、自社の調達・購買業務の特性から考えて必要性が極めて高いものを点数5とし、逆にほとんど必要性がないものは点数1とします。2点、3点、4点は、この2つの点数の間のどこに位置するのかにより決めます。(C)は(A)と(B)の掛け算で、25点が満点になります。例えば、活動が極めて不十分で5点としても、必要性が極めて低く1点と評価した場合は(C)の改善優先度の点数は5点となり、高い点数付けとはなりません。

の情報・データの提供先と考えて、様式を随時改訂し、内容も常に最新のものにしておきましょう。これにより、リストの価値が向上し、調達・購買担当者の評価を高めるのです。

　このリストの様式例を、第6章の3.2に掲載していますので、必要に応じて自社に合うように変更してご活用ください。

4.2 取引先管理

　取引先管理（新規取引先開拓・関係改善）については、3.5、3.6で述べました。ここでは、中小製造業の経営改善・経営戦略の上位項目にあげられた新製品開発、製品の高付加価値化、技術力の強化に関連した業務要素に焦点を当て、あらためて考察したいと思います。

（1）現行取引先との関係改善

　第5章の3.2（2）で、重要取引先との定例会議について述べました。自社の新製品開発、製品の高付加価値化、技術力の強化に関して、技術やノウハウを取り込めそうな取引先とは、定例会議の席で具体的に情報を交換して、取引先の技術やノウハウを自社の活動に取り込むような活動を展開します。これには、新製品開発などを経営課題と認識している会社の経営陣の支援は欠かせません。また、開発・設計エンジニア・責任者との連携も必要です。

（2）新規取引先の開拓

　売込会社から積極的に情報収集することも必要ですが、売込会社が自社の新製品に必要な部材・技術・ノウハウなどを有しているとは限りません。そこで、積極的に適正な取引先候補を探す活動も必要になります。第5章の2.1（1）で述べたように、新規取引先候補の情報源としては、①新規取引先と競合関係にない現行取引先、②商社、③業界の展示会、④業界や部材の専門誌（紙）、⑤インターネット情報、などがあります。

　この中でも、①〜③は、比較的容易に利用でき、効果も出る方法です。特に業界の展示会は、当業界やその関連業界の企業が多数出展しており、短時間で会社情報、製品情報を収集できます。展示会で効率的に情報収集をするためのフォーマットを、第9章に掲載しています。

　①、②、④の調査方法で得た新規取引先候補会社からは、主に製品開発の視点で情報を収集します。具体的には、製品開発の方針・方向性や自社の新製品開発との整合性などについての情報収集を行います。そのために、自社の製品・部品などをもとに、あらかじめ具体的質問や収集する情報の詳細を検討し、整理しておくことが必要です。

4.3　社内教育の充実

　調達・購買の教育訓練カリキュラムは、第11章の3.4で示した通りですが、中小製造業がこれらをすべて実施することは現実的ではなく、またその必要もありません。費用対効果の面から、自社の必要性に沿って、項目を絞り込んだほうがいいでしょう。

　中小製造業経営者に対するアンケートやヒアリング、実際のコンサルティングを通じ、調達・購買に重要なスキル・知識として多くの経営者が指摘した項目は、次の通りです。

- ・品質問題の回避と対応
- ・取引先との価格交渉
- ・価格交渉以外のコスト削減
- ・納期遅延防止と対応

　これらの項目を重要とみなす企業では、図表12－17、図表12－18に斜体の太字で示してある項目を、教育訓練カリキュラムの上位項目にするといいでしょう。

図表12－17　初級者に対する教育カリキュラム（例）

カリキュラムの概要：業務の基盤、製品知識、製造知識、QCDの基本
手法：講義、事例研究、グループ討議

1．調達・購買業務の基盤
取引先との共栄関係、社内他部門との連携
調達・購買規程、契約書
調達・購買パーソンの心構え、取引先との面談、コンプライアンス（接待、法令など）
2．製品知識
材料・部品ごとの基本知識（基本仕様、業界、製品での組み込まれ方など）
3．製造知識
材料・部品の製造工程（樹脂加工、金属加工、組立て、出荷検査、生産管理）
4．QCD管理手法の基本
品質管理（体制、品質管理・保証）
原価管理（原価企画、コストダウン、評価）
コスト低減手法（VE、ティアダウン、標準化、交渉）
生産管理（生産方式、生産計画、作業管理、進度管理、検査）
納期管理（サプライチェーン、納期遅延の原因、納期遅れ回避手法）

備考）図表全体は、第11章図表11－4と同じ。

図表12－18　中級者・上級者に対する教育カリキュラム（例）

カリキュラムの概要：調達・購買の技法の体系的習得（中級コースと上級コース）
中級者向けの手段：講義、事例研究、グループ討議
上級者向けの手段：中級コース受講以降の振り返り、事例のグループ討議と発表、宿泊研修

1．取引先マネジメント
経営戦略（ビジョン、経営環境分析、成長戦略、競争戦略）
中期計画（経営戦略、重要課題、改革テーマ、機能戦略）
取引先評価（新規取引先開拓、新規採用時評価、定期的評価、共栄関係）
2．他部門連携
マーケティング・営業（自社市場・顧客・顧客満足、調達・購買からの有益な情報）
開発・設計（新製品開発プロセス、調達・購買部門へ期待すること）
製造（顧客への納期遵守、調達・購買部門の役割）
品質（調達・購買資材の品質、調達・購買部門の役割）
サービスマーケティング（連携で調達・購買部門の存在感を出す手法）
3．開発購買
プロダクトライフサイクル（開発段階での部材選定の重要さ）
デザインレビュー（それぞれの段階でのポイント）
原価企画（目標原価の達成）
コスト低減手法（VE、ティアダウン）
4．交渉技法
科学的交渉（交渉一般論）
調達・購買の交渉（科学的交渉）
5．リスクマネジメント
基本、BCM／BCP
6．海外調達・購買
輸入・輸出業務
コンプライアンス
7．情報マネジメント
情報の収集と活用
8．調達・購買部門の課題と改革
他社・他部門から学ぶ
調達・購買部門の課題

備考）図表全体は、第11章図表11－5と同じ。

5．中小製造業の中期経営計画と調達・購買業務の中期計画

　調達・購買部門では、自社のビジョン、経営戦略、中期経営計画をもとに、自らの部門でなすべきことを認識して、中期計画を立てます。この策定方法は第1章の2.1(1)と(2)で説明しました。比較的規模が大きな製造会社を例に説明しましたが、中小製造業の調達・購買機能においても策定のステップは同じです。

例の内容にとらわれずに、経営者の想いと自社を取り巻く経営環境、自社の内部資源などに沿って策定してください。

6. 中小製造業での調達・購買の活性化駆動要因に関するアドバイス

中小製造業では、規模の大きな企業と比べ、「経営者の想い」が、調達・購買業務活性化の推進力として重要になります。また、調達・購買の業務を通じて自らを高めたいという社員の向上心も、業務活性化の強い駆動力となります。「経営者の想い」、「社員の成長志向」の2つが、調達・購買業務活性化の駆動要因となるのです。

6.1 経営者の想い

経営者の想いが、調達・購買業務に対して、直接的に伝えられることは稀です。経営者が語る想いを、調達・購買向けに翻訳する必要があります。経営者の想い（ビジョン）を中期計画で具体化して、さらに開発・設計、営業、生産、品質などの業務へ展開している会社では、この作業は組織的に行われます。そうでない場合は、調達・購買部門として、自発的にこの展開作業を行うことが必要です。

そして、重要なのは、経営者の支援を受けることです。支援を得られることが確認できたら、3年間などの中期計画や年度計画を策定して、経営者の承認を得るといいでしょう。開発・設計、生産、品質などと連携する場合は、その業務担当責任者との調整も必要になります。

年度計画による活動を四半期ごとなど定期的に振り返り、年度計画の達成状況に応じて中期計画を毎年改訂することも必要です。後向きの改訂ではなく、より大きな改善への変更や、さらに挑戦的な取組みを導入することが望まれます。また、経営者への報告を定期・不定期に行うことを心がけ、必要な支援を継続的に受けるようにしましょう。

6.2 社員の成長志向

社員の成長志向を醸成し、活性化させる第一の方法は、教育・訓練の充実です。また、調達・購買を担当する社員一人ひとりが、業務の中で、意識して自ら

のスキル・知識を磨くことが必要です。さらに、上司や経営幹部が社員の成長志向を支援する意識と仕組みが不可欠です。

(1) 計画的な教育プログラム

この章の4.3で紹介したようなカリキュラムに従って、計画的に社内教育を進めましょう。しかし、一度にたくさんのことをやろうとすると計画倒れになるので、急がず着実にスキル・知識の向上を図ります。一通りの知識は、外部セミナーで習得することも効率的です。また、計画を立てて実行したら、四半期ごとなど定期的に実行状況を振り返ることが重要です。

(2) 業務の中での意識的なスキル・知識の発揮と強化

教育カリキュラムの成果を業務の中で発揮しながら、自己学習でさらにスキル・知識を強化することが効果をあげるポイントです。この章で述べた事項に関連する章（第1章「調達・購買部門の改革」、第2章「コスト低減」、第3章「納期管理」、第4章「品質マネジメント」、第5章「取引先開拓・関係改善」、第6章「開発購買」、第9章「情報収集と活用」）の「駆動三要因を発揮・強化するためのアドバイス」にある「自らの人材価値」の項で述べたことも参考にしてください。

(3) 経営層や上司の支援

教育訓練の成果を測定することは重要ですが、はじめのうちは成果に満点を求める必要はありません。不完全でも実行することが大切であり、上司にもそう認識することが求められます。経営層の支援のもと、調達・購買担当者と上司で、教育訓練を一歩一歩充実させていく姿勢も必要です。不完全でも実行し、大きな進歩がなくても着実な改善をすることが、担当者の成長志向を支え、会社にも成果をもたらすのです。このような認識をもとに、社員の成長志向を人事評価の一部にするような仕組みも大切です。

【参考文献等】

1）坂口孝則『調達力・購買力の強化書』日刊工業新聞社、2014 年
2）野本満雄『購買担当者の実務』日本資材管理協会、2005 年
3）堀口　敬『究極！ 原価企画の進め方』日刊工業新聞社、2009 年
4）山田正美『なるほど！ これでわかった よくわかるこれからの品質管理』同文舘出版、2007 年
5）神谷幹雄『開発購買実践セミナー』一般社団法人日本能率協会、2013 年
6）伊藤　博『「新」実践財務管理』ダイヤモンド社、1992 年
7）粕井　隆「経営企画室・社長室に求められる９つの役割」SMBC コンサルティングビジネスセミナー、2006 年
8）「リスクコンサルタント（マネジャー）養成講座」シニアコース上級課程、日本アルマック、2006 年
9）「下請法ガイドブック」公益財団法人公正取引協会、2017 年

●著者紹介

西河原　勉（にしがはら　つとむ）
1949年生まれ。埼玉大学理工学部卒業。電子部品・機器メーカーと自動車部品メーカーで国際購買、開発購買、事業部購買などを担当。取引先や社内連携部門は、国内だけでなく、欧州をはじめ海外諸地域にわたった。また、経営企画部門で中期経営計画策定、部門間連携促進、リスク管理などを実施。現職は、中小企業診断士。

2017年9月5日　第1刷発行

調達・購買パワーアップ読本

Ⓒ 著　者　西河原　勉
　 発行者　脇坂　康弘

発行所　株式会社 同友館

〒113-0033 東京都文京区本郷3-38-1
TEL.03(3813)3966
FAX.03(3818)2774
URL　http://www.doyukan.co.jp/

乱丁・落丁はお取替えいたします。　　三美印刷／松村製本所
ISBN 978-4-496-05294-1　　　　　　　Printed in Japan